종합예술감성집
초록의 막장

여는 말

지금의 나를 빚어준
그대들에게 이 책을 바칩니다.

그리고 앞으로 다가올 이름들에게,
미리 미안함과 고마움을
두 손에 담아 드립니다.

우리 부디 안녕하길 바랍니다.

프롤로그 QR 뮤직 드라마

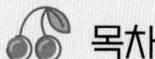 **목차**

<나의 첫 초록>

<첫. 봄의 눈꺼풀이 떨릴 때>

1. 승우-1 ······················ 18
2. 지훈-2 ······················ 19
3. 제민-3 ······················ 20
4. 남기-1 ······················ 21
5. 남기-3 ······················ 22
6. 경호-1 ······················ 23
7. 세문-2 ······················ 24
8. 현중-52 ···················· 25
9. 현중-7 ······················ 26
10. 승우-39 ·················· 27
11. 지훈-24 ·················· 28
12. 지훈-12 ·················· 29
13. 제민-4 ···················· 30
14. 지훈-4 ···················· 31
15. 지훈-9 ···················· 32
16. 승우-2 ···················· 33
17. 현중-1 ···················· 34
18. 동진-1 ···················· 35

19. 웅-2	36
20. 남기-2	37
21. 지훈-37	38
22. 지훈-5	39
23. 지훈-13	40
24. 현중-10	41
25. 지훈-15	42
26. 웅-1	43
27. 지훈-11	44
28. 제민-1	45
29. 지훈-10	46
30. 승우-36	47
31. 동진-14	48
32. 현중-24	49
33. 세문-1	50
34. 지훈-55	51
35. 지훈-6	52
36. 제민-2	53
37. 지훈-8	54
38. 현중-9	55
39. 웅-5	56
40. 석하-7	57
41. 현중-37	58
42. 승우-35	59
43. 동진-17	60
44. 지훈-80	61
45. 지훈-82	62
46. 승우-30	63
47. 현중-2	64
48. 웅-7	65
49. 지훈-3	66
50. 지훈-79	67
51. 남기-4	68
52. 석하-11	69
53. 남기-9	70
54. 현중-53	71
55. 이름 없음-1	72
56. 지훈-14	73
57. 용주-4	74
58. 현중-50	75
59. 석하-8	76
60. 현중-4	77
61. 용주-3	78
62. 현중-57	79
63. 승우-37	80
64. 지훈-26	82

 **목차**

<둘. 보라색 여름>

1. 이름 없음-3 ······· 86
2. 지훈-21 ········· 88
3. 지훈-66 ········· 89
4. 승우-3 ·········· 90
5. 현중-6 ·········· 91
6. 지훈-77 ········· 92
7. 지훈-22 ········· 94
8. 지훈-16 ········· 95
9. 지훈-32 ········· 96
10. 승우-4 ········· 98
11. 현중-12 ········ 99
12. 지훈-75 ········ 100
13. 지훈-53 ········ 101
14. 승우-7 ········· 102
15. 현중-3 ········· 103
16. 지훈-83 ········ 104
17. 지훈-18 ········ 107
18. 현중-5 ········· 108
19. 석하-4 ········· 110
20. 용주-1 ········· 111
21. 석하-9 ········· 112

22. 현중-17	113	45. 현중-14	139
23. 지훈-86	115	46. 석하-6	140
24. 승우-5	116	47. 현중-36	141
25. 지훈-59	117	48. 지훈-74	143
26. 승우-24	118	49. 현중-15	144
27. 동진-3	119	50. 이름 없음-2	145
28. 제민-5	120	51. 지훈-19	147
29. 지훈-1	121	52. 승우-33	148
30. 지훈-33	122	53. 현중-11	149
31. 지훈-44	123	54. 지훈-87	150
32. 승우-6	125	55. 지훈-43	151
33. 현중-13	126	56. 지훈-31	152
34. 동진-2	127	57. 석하-3	153
35. 지훈-61	129	58. 남기-5	154
36. 지훈-40	130	59. 현중-18	155
37. 지훈-28	131	60. 승우-40	156
38. 지훈-23	132	61. 지훈-36	157
39. 지훈-17	133	62. 지훈-25	158
40. 세문-3	134	63. 현중-8	159
41. 지훈-34	135	64. 석하-5	160
42. 지훈-35	136	65. 동진-15	161
43. 지훈-27	137	66. 승우-29	162
44. 승우-15	138	67. 경호-2	163

목차

68. 정혁-1 ······ 164
69. 지훈-20 ······ 165
70. 지훈-42 ······ 166
71. 동진-16 ······ 167
72. 지훈-72 ······ 168

<셋. 피 흘리는 가을>

1. 웅-3 ······ 172
2. 지훈-52 ······ 173
3. 승우-9 ······ 174
4. 현중-19 ······ 175
5. 동진-4 ······ 176
6. 지훈-50 ······ 177
7. 승우-8 ······ 178
8. 현중-22 ······ 179
9. 현중-30 ······ 180
10. 동진-5 ······ 181
11. 지훈-7 ······ 182
12. 승우-10 ······ 183
13. 현중-21 ······ 184
14. 현중-41 ······ 185

15. 동진-9 — 186
16. 현중-40 — 187
17. 지훈-46 — 188
18. 도준-1 — 189
19. 지훈-49 — 190
20. 현중-23 — 191
21. 동진-7 — 193
22. 현중-28 — 194
23. 지훈-39 — 195
24. 현중-32 — 196
25. 동진-6 — 197
26. 현중-44 — 199
27. 도준-2 — 200
28. 남기-6 — 201
29. 세문-5 — 202
30. 이름 없음-4 — 203
31. 제민-6 — 205
32. 한결-2 — 206
33. 웅-4 — 208
34. 지훈-51 — 209
35. 승우-11 — 210
36. 지훈-58 — 211
37. 현중-20 — 212
38. 현중-27 — 213
39. 동진-8 — 214
40. 남기-8 — 215
41. 현중-16 — 216
42. 현중-25 — 217
43. 현중-26 — 218
44. 동진-12 — 219
45. 현중-29 — 220
46. 현중-33 — 221
47. 현중-55 — 222
48. 현중-56 — 223
49. 승우-34 — 224
50. 현중-43 — 225
51. 지훈-45 — 226
52. 세문-4 — 227
53. 현중-51 — 228

<넷. 영원히 늙지 않는 겨울>

1. 이름 없음-6 — 232
2. 제민-7 — 233
3. 지훈-30 — 234

목차

4. 승우-14 ········· 235
5. 현중-34 ········· 236
6. 동진-11 ········· 237
7. 웅-6 ········· 238
8. 지훈-76 ········· 239
9. 승우-17 ········· 241
10. 지훈-68 ········· 242
11. 승우-18 ········· 243
12. 현중-38 ········· 244
13. 승우-26 ········· 245
14. 지훈-69 ········· 246
15. 승우-21 ········· 248
16. 현중-39 ········· 249
17. 남기-7 ········· 250
18. 석하-1 ········· 251
19. 현중-47 ········· 252
20. 승우-27 ········· 254
21. 지훈-78 ········· 255
22. 지훈-64 ········· 257
23. 승우-22 ········· 258
24. 현중-42 ········· 259
25. 지훈-85 ········· 260
26. 승우-12 ········· 261
27. 지훈-70 ········· 262

28. 승우-32	263	52. 승우-13	292
29. 용주-2	265	53. 현중-54	293
30. 지훈-60	266	54. 승우-20	294
31. 지훈-56	267	55. 지훈-73	295
32. 승우-25	268	56. 지훈-71	296
33. 지훈-57	269	57. 지훈-47	297
34. 지훈-67	271	58. 승우-28	298
35. 승우-38	272	59. 경호-3	299
36. 현중-45	273	60. 지훈-84	300
37. 동진-10	274	61. 한결-1	301
38. 지훈-63	275	62. 승우-31	302
39. 지훈-54	277	63. 지훈-65	303
40. 승우-19	278	64. 현중-35	304
41. 현중-46	279	65. 석하-10	305
42. 지훈-62	280	66. 현중-49	306
43. 승우-16	281	67. 이름 없음-7	307
44. 지훈-81	282	68. 지훈-38	308
45. 현중-48	283	69. 현중-31	309
46. 동진-13	284	70. 승우-23	310
47. 석하-2	285	71. 지훈-48	311
48. 도준-3	286	72. 지훈-88	312
49. 이름 없음-5	289		
50. 지훈-29	290		
51. 지훈-41	291	<초록의 막장>	

종합예술감성집
<초록의 막장>을 읽는 방법

1. 소제목 상관없이 계절별 테마에 따라 글귀를 감상한다.

2. 계절별 글귀를 읽은 뒤
QR코드를 스캔하여 각 계절별 뮤직드라마를 감상한다.

3. 각 인물 이름 옆에 달려 있는 숫자를 찾아 순서대로 글귀를 감상한다.

4. 웹소설 <초록의 막장>을 통해 새로운 스토리를 확인한다.

5. <초록의 막장>의 뮤직드라마를 보고 프로듀서에게 피드백을 준다.
1쇄 완판 뒤, 새롭게 공개되는 계절별 뮤직드라마를 감상한다.

웹소설 감상 | 뮤직드라마 피드백 남기기

초록의 막장

나의 첫 초록

내가 처음 본 초록은
무언가에 열중하고 있는 옆선

내가 처음 반한 초록은
나보다 긴 머리를 휘날리며
휘적휘적 걸어가던 뒷모습

내가 처음 느낀 초록은
내게 건네는 캔 커피에 담긴
낯선 다정함

이건 진짜 초록이야!
깨달았던 순간은
네가 망가지고 있던 순간
내가 옆에 있었을 때.

네가 내가 싫어하는 색만 가지고
우리 그림을 마음대로 칠하더라도
이건 초록이라고 내가 우기고 있던 겨울.

내 초록이 끝나던 그날은
초록 아님을 초록이라 우기던
그 시절의 내가 멍청하기 짝이 없단 걸
뒤늦게 알았을 때.

우린 아스라이 울었다.
그리고 나는 여전히
나의 또 다른 첫 초록을 기다려.

첫. 봄의 눈꺼풀이 떨릴 때

봄1. 승우-1

첫눈에 반했어.
처음이었어.
누군가를 보고 아름답다고 생각했던 게.

저 사람은 정말 사람일까?

그런 생각을 하고 자주 가던 카페테라스에 앉아,
한참을 멍하니 있었지.

그리고 다시 네가 내 앞에 나타난 순간,
심장에 물고기 떼가 밀려와 팔딱거렸어.

너와 나란히 발을 맞추며 걷던 교내는
푸른 빛 하나 없이 말라 있었는데
나만 혼자 봄이었어.

그 후로 꽤 오랜 시간동안을.

봄2. 지훈-2

나는 당신이 노래 부르는 목소리가 좋아.
내 이름을 부르는 당신의 낮은 소리가 좋아.
그 목소리 때문에 사랑에 빠졌다면
거짓말이라고 놀릴 테지만

정말이야.
당신 목소리에 반했어.
나도 모르게 사랑하고 있었어.

봄3. 제민-3

꽃처럼 내 옆에 앉은 너를 기억한다.
벚꽃처럼 네가 웃던 날,
나는 그 얼굴을 '사랑'이라 부르게 됐다.
그때부터였을까.
봄이 오면 네 얼굴이 떠올랐던 게.

봄4. 남기-1

왜 그렇게 봐?

- 예뻐서.

봄5. 남기-3

네 곁에 있으면
꼭 롤러코스터를 타는 것 같았다.

내 심장이 오르락내리락
쉴 틈 없이 요동쳤으니까.

그게 싫지 않았다.
난 그런 거 좋아하니까.

봄6. 경호-1

새내기 시절엔 아무 것도 하지 않아도 빛이 나.
가슴 한 가득 꿈으로 가득 차서
가만히 있어도 두 눈에 별들이 반짝이니까.

봄7. 세문-2

나는 네가 만드는 음악이 좋았다.
꼭 너 같아서.
꾸미지 않고 말하는 너 같아서.

나는 네가 쓰는 가사가 좋았다.
꼭 네 속마음 같아서.
말하지 않아도 눈동자에 다 비치는 물빛 같아서.

봄8. 현중-52

식은 밥을 꾸역꾸역 먹으면서도
너랑 함께하고 있으니까
혼자가 아니라 둘이라서
괜찮다고 계속 되뇌었다.

이제와 보니까
나한테 갓 지은 밥을 먹여줄 사람은
밖에 깔리고 깔렸고
내게 숟가락과 젓가락까지
정성스럽게 놔주는 사람이 있더라.

체하지 말라고 등 쓸어주며
물까지 떠주는 사람도 있더라.

널 위하는 마음은 이런 거라고
원래 사랑은 푸근한 집밥 같은 거라고
말하는 사람이 아니라 느끼게 해주는
사람이 있더라.

봄9. 현중-7

나의 학창시절엔 교복 입고 설레던 첫사랑 같은 건 없어서
한 번쯤은 교복 입고 너랑 데이트하고 싶었어.

이미 한참 전에 교복 입고
풋사랑을 했던 너에게 유치한 질투도 하면서 말야.

봄10. 승우-39

꼭 내가 지칠 때
꼭 내가 혼자라 다 무너져갈 때
그런 날 알아주는 네가
이 세상에 살아있다고 알려줘서
그게 넘치지 않는 위로가 되곤 했다.

봄11. 지훈-24

나를 강아지 다루듯 해줘.
나를 적셔주고 먹여줘.
나를 안아주고 또 뽀뽀해줘.

나랑 같이 산책 가고
나랑 같이 잠들어줘.

내가 죽어도
나를 잊지 말아줘.

봄12. 지훈-12

내게만 한없이 다정하고 무해한 사람이 좋아요.
당신에 한해서만 내 사랑은 무한리필이거든요.

봄13. 제민-4

자꾸 누나 누나 하면서 웃지 좀 마.
- 왜 떨려?

진짜 혼난다?
- 혼내줘! 혼내줘! 나 혼날래! 어떻게 혼내줄 건데? 응?

봄14. 지훈-4

자기 취향이 아닌데도
내가 좋아한다니까
세심하게 귀를 기울여주는 태도에
어느 누가 마음을 안 뺏길까요.

봄15. 지훈-9

나한테 너무 큰 너의 반팔티를 입고
네게 안기면 내가 꼭 이 세상에서
가장 작고 소중한 존재가 된 것 같아.

좋아해.
가장 윤이 나는 순간에 나와 함께인 너를.

봄16. 승우-2

내가 어떤 옷을 입고
어떤 화장을 하고
치마 길이는 어디까지 오는지 궁금한 사람보다

내 꿈은 무엇인지
좋아하는 시는 있는지
사랑하는 계절은 어디쯤인지

그래서 울 땐 어떤 표정으로 무슨 노래를 듣는지
물어오는 사람.

그런 사람을 사랑하게 된다면
그건 아마도 내가 좋은 사람이 되고 있다는 증거겠지.

봄17. 현중-1

서른이 넘었는데,
설레는 여자 앞에서 귀가 빨개지는 당신을 보고
자꾸 올라가는 입꼬리를 내리느라 혼났어.

그렇게 사랑스러운 남자는
내 나이 서른이 넘는 동안 처음 봤어.

봄18. 동진-1

직장상사에게 이리 치이고, 저리 치이고
빡빡한 업무 속에서 '오늘 삶이 참 고되다.' 라고
되뇔 틈도 없이 흘러가는 날,

역시 혼자일 집에 익숙한 비밀번호를 누르고
들어섰을 때,

사람의 온기, TV 소리, 너의 목소리, 쌀밥 냄새.

대충 씻고 편한 옷들로 갈아입고
너의 팔을 베고 누우면 입 밖으로 터지듯 나오는 한숨.

별안간 내 머리칼을 넘겨주는 섬세한 너의 손길.
그걸로 완전 엉망이었던 나의 하루가
잠잠해지는 기적.

사실 정말 따뜻한 기적은 별다른 게 없을지도 몰라.
나는 그 별다르지 않은 게 참 좋아.

봄19. 웅-2

엄마, 그 애는 날 더 좋은 사람이 되고 싶게 만들어.

봄20. 남기-2

우리 오늘은 취하자.
이미 네게 만취해서
정신 놓은 나를 들키지 않도록.
같이 취하자.

우리.

오늘.

지금.

당장.

봄21. 지훈-37

거울로 너를 좀 봐.
이렇게 예쁜데 이렇게 사랑스러운데
도대체 어떻게 너를 그냥 둬.
어떻게 그냥 보기만 해.
이건 새로운 고문이야.

거울로 나를 좀 봐.
이렇게 널 원하는데 이렇게 널 사랑하는데
나 고문할 거야?
어떻게 그냥 날 놔둬.
널 사랑하는 내가 이토록 사랑스러운데.

봄22. 지훈-5

아무래도 이미 널 내 인생에 들인 것 같았다.
특별한 건 없었다.

너는 너무 완벽해서 내게 불공평한 사람이었는데
너의 빈틈으로 스미는 미풍을 느낀 순간
나는 미미한 그 바람을 타고 너에게 안착했다.

봄23. 지훈-13

너의 손을 잡고 걸으면
여기가 어딘지 도무지 모르겠어.

이정표가 있어도 자꾸 길을 잃어.
내 눈 속에 너만 있어서 그런 걸까.

봄24. 현중-10

그거 알아?
내 삶을 풀어 쓰면 내 사람이 된다는 거.

내 삶을 타자로 치다보면
어느새 오타로 내 사람을 쓰고 있다는 거.

그래서 어쩌면 내 삶은
너라는 내 사람으로 하루하루를
빼곡히 채우는 일이 아닐까? 하고 생각했어.

봄25. 지훈-15

너에게 예쁨이 되고 싶다.
내 삶을 잘 쓰고 싶다.
이 글을 끄적이는 지금
네가 너무 보고 싶다.

봄26. 웅-1

나를 실제로 만나면
분명 너는 나한테 정신 못 차릴 거야.

난 너한테만 눈부실 거거든.
그래서 넌 내가 갖고 싶을 거거든.

봄27. 지훈-11

당하고는 못 사는 성격이라
나는 내가 받은 만큼은 꼭 되갚아줘야 하는 사람이라
그렇게 못돼 먹어서
상처줄 때도 많지만

받는 것만도 못 하는 성격이라
나는 내가 받은 마음은 꼭 되갚아줘야 하는 사람이라
그렇게 돼 먹어서
주고받다보면 꼭 사랑은 커져 있어.

봄28. 제민-1

"이대로 들이박으면 안 돼!"

겁에 질려 질끈 감은 눈을 떠보니
난 이미 너의 그늘이었다.

매끄러운 바람에 이끌리듯
네게 도착한 나는 이제
너와 진창인 오르막길을
유유히 오르고 싶다.

길의 각도와 우리의 시선에 따라
시시각각으로 달라지는
서로의 표정과 호흡을 느낄 수 있게.

너와 꼭 잡은 두 손에 힘이 풀리더라도
기어코 놓지는 않고, 천천히.

봄29. 지훈-10

행복한 연말을 보내는 사람들 속에
섞일 수 있다는 게 이렇게 좋은 일인지 몰랐다.
너와 손을 잡고 거닐던 척척한 거리는 전부 축제였다.
앙상한 가지들만 나부끼는 가로수들은
우리만 아는 꽃들을 피우고 또 피웠다.

봄30. 승우-36

거짓말 했어.
널 잊을 수 없어.
너랑 끝내도 안 괜찮아.

거짓말 했어.
널 잊게 됐어.
네가 없어도 나 괜찮아.

봄31. 동진-14

영원한 구원은 없었다.
그렇듯 영원한 지옥도 없을 테다.

봄32. 현중-24

30일
딱 한 달.
그 기간을 우리의 관계에 주기로 했다.

그 기간 동안 우린 조각난 마음을 붙여볼 수 있을까,
서로가 서로에게 마지막이 되어주자는 그 약속을
우린 다시 지켜갈 수 있을까.

그 시간을 지나는 나의 마음은 어디로 떠갈까.
그 시간을 지나는 당신의 마음은 어디쯤일까.

어떤 엔딩이라 해도
내가 당신에게 삼류는 아니길.
좋은 추억이 욕심이라면
환멸뿐인 과거까지는 아니길.

누가 뭐라 해도
내겐 그 무엇보다
그 어떤 누구보다
소중해서 찬란했던
당신이었기에.

봄33. 세문-1

오래된 친구가 남자가 된다는 건
누구에게나 있을 수 있는 일이었다.
나에겐 꽤나 불가능한 일이었지만.

그 언젠가 우리는 오래된 친구라는 옷을 벗고
연인의 맨몸이 되었다.

너를 오래 전부터
나만의 작은 항아리에 담아두고 있었다.
그래서 나에게 가능한 너였다.

봄34. 지훈-55

꽃처럼 아름다운 사람아
네가 이 계절 한 철로 지고 가도
또 다시 너는 다른 꽃잎 되어
또 다른 계절로 날 채울 테니
조금 늦더라도 괜찮아.

우리 비슷한 어떤 날,
또 본 듯한 어느 거리에서
불현듯 다시 만나.

마치 언젠가 이런 적이 있었다는 듯이.

봄35. 지훈-6

사실 처음 만났을 때부터 알고 있었어.
그 많은 사람들 틈에서
네 눈은 나만 보고 있었다는 거.

눈 맞추면 입 맞추고 싶고
우린 서로에게 대체 불가한 존재가 될 거라는 것도.
난 처음부터 알고 있었어.

알면서도 너를 봤어.
너랑 눈 맞췄어.
입 맞추고 싶었어.

봄36. 제민-2

너무 좋아하면 놓칠까봐 두려운 건
어쩌면 당연한 일이겠지.
그럼에도 불구하고 우리.

 Poco a Poco
조금씩
 Poco a Poco
조금씩
너에게 기운 우산 때문에
내 어깨가 젖는지도 모르고
그렇게.

행여 이러다가 조금 바들거리며 떨게 되어도
가랑비에 내 어깨를 내어주고
너의 어깨를 빌려주며
우리 봉숭아 꽃물처럼 물들어 가자.

봄37. 지훈-8

해가 다 저문 호수 공원을 너와 함께 걸었다.
투명한 벚꽃이 흩뿌려진 그 발자국들엔
'사랑해요'
그 말이 다였다.

말없이 간지러운 말들을 무수히 찍으며 걸었다.
부풀어 오른 우리 보폭은 황홀히 맞춘 채로.

봄38. 현중-9

서른이 되면 꼭 내 책을 내고 싶었다.

가련한 시간은 나와의 약속을 지키지 못한 채 흘러가 버려서 나는 당신과 약속을 했다.

당신 생일에 맞춰 내 첫 책을 낼게.

당신 생일에 우리가 함께 이 글을 읽고 있길.

봄39. 웅-5

두 번 다시 상처 받고 싶지 않아.
그렇다고 영영 사랑 없이 살고 싶지도 않아.

봄40. 석하-7

상처 난 네 손목이 울퉁불퉁
못 생긴 파인애플이라도 괜찮아.
더 이상 사과하지 않아도 괜찮아.
충분히 넌 지금의 너로 내게 좋은 사람이니까.

안녕, 나의 이상한 계절.
나는 그런 너를 이미 좋아해.

봄41. 현중-37

가르치려 드는 건 싫어요.
무례해요.
그저 나는 이랬다고 얘기해줄래요.
경우의 수를 하나 더 알려줄래요.
선택은 결국 각자의 몫이잖아요.

봄42. 승우-35

오랜만에 찾은 모교는 여전히 푸르렀다.
새 학기가 시작됨을 알리는 웃음소리,
과제에 찌든 얼굴들,
그럼에도 풋풋하고 성스러운 표정들.

모든 것이 바뀌어 있을까 염려했는데
놀랍게도 거기 그 자리 그대로 우리의 기적들이
꽃잠을 자고 있었다.

나의 인기척에 문득 깨어날까 봐
그럼 알싸한 눈물이 나올까봐
두 손에 움켜쥔 추억만 서둘러 챙겨 나왔다.

내 혼을 찢어 발겨 만든 나의 무덤들에게
감사를 표하며.

봄43. 동진-17

아마 어떤 누구를 만나도
너보다 최악은 없을 거야.
그래서 다행이야.

넌 내게 돌아올 면목도 없어서
이제 영원히 사라지잖아.
내 기억, 내 추억, 나의 그 모든 것에서.
그래서 고마워.

내 마지막 문장은 네가 아니라서.

봄44. 지훈-80

너도 나와 똑같은 고동 소리를 매일 듣고 있다 생각하면
이 삶이 견디기 힘들다가도 버텨졌다.

너는 여전히 해맑고 너는 여전히 너의 길에
너만의 발자국을 도열하며 나아가고 있었기에.

그런 너도 나처럼 모든 걸 악다구니처럼 버티고 있다 생각하면
네가 손수 만든 길이 고속도로처럼 평탄해 보이지 않았으니까.

수많은 상념과 감정의 불순물들을 정제하며
땀 흘리고 얻은 지엄한 기회라는 생각이 들어서.

나는 네가 나와 똑같은 마음으로
너의 발자취를 남기는 거라 믿고는 했다.

봄45. 지훈-82

난 너에게 뭐가 그렇게 미안했을까.
그저 최선을 다했을 뿐인데 말이야.

네가 그린 미래에 어울리지 않는 사람이
나라는 건 죄가 아닌데 말이야.

나와 함께 어디든 갈 수 있다면
언제나 Euphoria라고 말하는 사람이
이렇게 내 옆에 있는데 말이야.

봄46. 승우-30

너 때문에 얼었던 나의 세계가
그 사람 때문에 녹아.

눈을 감았다 뜨면
더 이상 거기 네가 없을 것만 같아.

봄47. 현중-2

너와 함께 영원이라 썼던 사랑들은 이제
빛바랜 낡은 책처럼 바스라진다.

우리의 사랑은 서쪽의 태양으로 지고
짐승들이 우는 까만 밤이 되었다.

안개 낀 하늘에서도 달은 창창하고
별들은 짝을 지어 춤추고 있으니까

여기 남은 가엾은 문장들도
너와 함께 영원히 파묻힌다.

봄48. 웅-7

너는 어디서 뭐하고 있을까.
지금 전화하기엔 너무 늦은 시간일까.

생각들이 마음을 후려갈기다
날이 밝으면
너에게 돌팔매질하던 그 마음이
흔적 없이 부서져 눅눅해져 있다.

차분해진 마음으로
휴대전화를 덮을 때 난 모르지.

어쩌면 너도
내 연락을 기다리다 뒤척이며 잠을 청했을지.
내 생각에 뒤척이며 베개를 끌어안았을지.

그래서 우린 지금 용기를 내야 해.
내일이 되면 마음이 녹아 눅눅해져
어제 내가 눌러 담은 감정이
무엇인지 나도 너도 알 수 없어지니까.

봄49. 지훈-3

막연한 끌림을 따라온 잔영 끝에 네가 있었다.
다행이야.
네가 내 짐작보다 훨씬 더 좋은 사람이라서.

봄50. 지훈-79

삶이 녹록치 않아 보이는 널 보며
차라리 그 아픔은 내가 갖고
너에겐 자유만 주고 싶었다.

신이 있다면 너에게 업보보다 기회를
더 많이 주시기를.

그래서 내 삶이 끝나지 않는 사춘기더라도
네가 어디에서든 웃고 있다면
내 소원을 담은 별똥별은 어딘가에 처박혀 죽은 게 아니라
알 수 없는 행성에서 살아남은 거니까.

봄51. 남기-4

사람 안엔 누구나 웅크린 보석이 있다 믿는다.
그 빛깔은 모두 희귀하고 생김새도 모두 다르다.

그래서 어떤 보석들은 함께 있을 때 더욱 빛을 발하지만
어떤 보석들은 그 어울림이 흉측하다.

무슨 말이냐면
지금 네 옆에 있는 그 애는 너의 운명이 아니란 거야.

너를 더 빛나게 해줄 사람,
너를 너답게, 너를 너대로
그저 예쁘게 봐줄 사람은
이 세상에 아주 많고 많으니까.

봄52. 석하-11

네가 담배 피우고 싶음 펴.
네가 춤추고 싶음 춰.
네가 떠나고 싶음 어디라도 데려갈 테니 나와.
네가 하고 싶은 거 다 해.
근데 옆에 있는 그 멍청한 새끼는 좀 치워.
어차피 돌고 돌아서 네 옆에 있을 사람은 나잖아.
네가 진짜 임자 만나면 그땐 내가 비켜줄게.
근데 네 옆에 있는 새끼들은 항상 다 멍청하잖아.

봄53. 남기-9

철없던 시절
사랑 받는다는 느낌을 주는 사람은
남자친구가 아니었다.

내 사랑은 언제나 그 깊이가 남달라
어느 순간 그 마음에 잠식되어 스스로 죽어버렸다.

그럴 때마다 나를 일으켜준 건
내가 참 괜찮은 사람이라 말해주던 그들의 목소리였다.

장난기 낭낭한 얼굴로 나를 예쁘다 말하고
그 남자는 좋은 사람은 아닌 것 같다며
나의 내일을 걱정하던 사람.

그런 사람이, 그런 이름들이
사랑 앞에 주저앉았던 내게
다시 일어나라며 손을 내밀어주던 때가 있었다.

그 시간들이 있었기에,
내가 지금 만나는 모든 것들을 소중히 여길 수 있다면 믿을까.

봄54. 현중-53

도착할 곳을 잃어버린 비행기는
상공에서 뱅뱅 도는 것밖에 할 일이 없다.

그러다 기름이 다 닳으면
착륙할 수 있는 가장 가까운 곳에
아무렇게나 내려앉는다.

그게 얼마나 사람의 인생을 망쳐놓는지 알게 된 후로
나는 더 이상 갈 곳을 정하지 않고 떠나지 않는다.
헤픈 이륙 따윈 하지 않는다.

봄55. 이름 없음-1

나만의 발걸음으로
나의 보폭을 결정하고

그리하여
내가 횡단한 발자취를
뒤돌아보았을 때,

참 예쁘다 - 참 애썼다 -
할 수 있기를.

봄56. 지훈-14

너의 손길로 나를 연주할 때
나는 너만의 악기가 된다.
그 소리는 이 지구에서 가장 비밀스런 음률이 된다.

봄57. 용주-4

인천에 살았던 내 옛 남자친구는 청담에서 일을 했다.
나는 건대에 살았는데 몇 시에 끝나든
나를 집에 데려다주고 다시 신중동으로 돌아갔다.
거의 하루도 빼놓지 않고. 매번.

그땐 너무 어려서 그게 얼마나 힘든 일인지 몰랐다.
나는 대학생이었으니까.

몇 해가 지나고 내가 직장인이 되어 보니
퇴근하면 당장 누워서 바닥을 기어 다니고 싶던데
어떻게 그 거리를 왔다 갔다 했는지
그가 그저 경이로웠다.

그제야 느꼈다.
나 정말 많이 사랑 받았었구나.

어떤 사랑은 아주 오랜 시간이 지나서야
그 무게가 얼마나 엄청난 것인지 깨닫는구나.

좋은 사랑은 아주 오랜 시간이 지나도
사람을 성장시키는구나.

봄58. 현중-50

네가 떠나고 많은 것이 변했다.

너를 만나 우울했던 내가 웃고
사람들을 피했던 내가 친구들을 만난다.

언제 어디에서나 나를 찾아주고
함께 음악을 듣고 먹고 마시며
오늘의 나에 대해 어제의 슬픔에 대해
내일의 무지개에 대해 떠든다.

그러고 보면 추적추적 내리던 비가 그치고 난 뒤의
하늘은 언제나 맑았었다.

봄59. 석하-8

"나는 좋은 사람이 아니다.
오히려 나쁜 쪽에 속하지."

그걸 네가 안다는 건
어쩜 좋은 사람이 될 수도 있다는 불씨일까.

스스로를 나쁜 놈이라 칭하는
네게 왜 자꾸 내 맘은 기울까.

봄60. 현중-4

진정한 강함은 거친 언어와 행동에서 나오는 게 아니다.
진정한 강함은 오히려 소리가 없다.

묵직하고 나지막하게 지혜롭게
위기에서 사랑하는 것들을 구한다.

가치 있는 것들을 가치 있게 존재하도록 돕는다.

봄61. 용주-3

괜찮다고 이야기하다보니 정말 괜찮아지는 것 같더라고.

봄62. 현중-57

이제 더 이상 너를 위해 살지 않기로 했다.
너를 나보다 더 사랑한 나이지만
너를 너보다 더 사랑했던 나이지만

누구도 나를 나보다 더 사랑해주거나
자기 자신보다 더 사랑해줄 순 없다는 걸
이제는 알기 때문에.

너를 온 맘으로 사랑했듯
이제는 나에게 그 정성을 주려고 한다.

내 마음을 먹고 무럭무럭 자라날 미래의 나에게
나 참 잘했지? 하고 어깨 으쓱 할 수 있게.

봄63. 승우-37

나는 네가 너무 아팠지만
너를 한 번도 원망해본 적은 없어.
네가 있었기 때문에 지금의 내가 있어.

누군가를 위해, 진심으로 행복을 빌어보기도 하고
누군가를 위해, 미친 듯이 새벽을 뛰어보기도 했어.

다른 사람 품에서 너만을 생각하기도 했고
다른 사람을 사랑해서 너를 버려두기도 했어.

나의 20대는 너 때문에 온 계절을 앓았어.
너 때문에 나는 사랑을 배웠어.

너는 내가 엄마가 되게도 만들었고
아이가 되게도 만들었어.

나는 너의 모든 것이기도 했고
아무 것도 아닌 존재이기도 했어.

그리고 지금은 모든 게 다 감사해.
네가 살아있는 것도, 내가 살아가고 있는 것도.

항상 행복할 수만은 없어.
슬픔 속에서도 절망하지 않는 법을 알려줘서 고마워.

나는 앞으로도
네가 알려준 방식대로 일어설 거야.

그리고 기회가 된다면
지금 주저앉아 있는 누군가에게 알려줄 거야.
괜찮다고 말야,
다시 할 수 있다고 말야.

내가 네게 배웠듯이.

봄64. 지훈-26

사랑을 빼고 나의 인생을 논하는 건 의미가 없다.
사랑으로 와서 사랑으로 간다.
그 안에서 나는 끊임없이 배우고 또 배운다.

네가 내게 다시 왔다.
나는 망설임 없이 너에게 달려가 또 안긴다.

한 번도 그랬던 적이 없었던 것처럼.
마치 네가 나의 첫 녹색이자 마지막 초록인 것처럼.

봄 QR 뮤직 드라마

당신의 봄날은 어떤 꽃을 피우나요?

둘. 보라색 여름

여름1. 이름 없음-3

잊지 말자.
우리가 얼마나 아름다운 사람들인지.
우리가 얼마나 소중한 존재들인지.

우린 보여지는 것에 연연하고,
지나간 것들과 완벽하게 이별하지 못해,
때때로 못난이처럼 굴지만,

그 모든 것들을 떠나
어떤 얼굴을 하고, 어떤 꿈을 꾸든
'나'라는 존재 그 자체로, 그대로 괜찮은 사람.
여기 있다는 것만으로도 특별한 사람.

더 이상 상처 받는 쪽이 되기 싫어,
상처 주는 쪽을 택하는 게
이제는 습관이 됐을 만큼 망가졌지만,
그래도 아직 마음의 방 한 구석엔
소녀가 있어 참 다행이기도 해.
기억도 안 나는 꼬마 때부터 꾸던 꿈을 버리지 않고
싸워주고 있는 것도 고마워.

올해에도 수많은 웃음과 새로운 사람들,
다시 쓰게 될 문장, 고쳐 쓰게 될 문장,
지워야만 할 문장, 지우고도 자국이 남는 문장, 그리고 눈물.

그것들을 피하지 못하고 다 받아내
결국 새로운 문장을 쓸 네가 있어.

봄,

여름,

가을을 지나

겨울에 태어난 네가 스물일곱 번 째 겨울을 다시 맞이할 때에
스스로에게 토닥토닥 '잘했다' 말해줄 수 있었으면.

새로운 문장이 화려하거나 유려하지 않아도
'진심'으로 쓰일 수 있었으면

어제의 나,
오늘의 너를 지나,
내일의 우리에게.

여름2. 지훈-21

더 좋은 사람이 되고 싶은 이유는
내가 잘 먹고 잘 살기 위해서라기보단
너에게 명랑한 사람이고 싶기 때문이야.

네게 세상의 모든 파랑과 모든 오렌지를
모든 봄과 꽃을
선물해주고 싶기 때문이야.

여름3. 지훈-66

너는 단 한 번도 내게 쉬운 선택인 적 없어.

여름4. 승우-3

나는 커다란 너의 손이 참 좋았다.
너는 손가락이 길어 너무 징그럽지 않냐고
내게 장난을 참 많이도 쳤다.

나는 오랜 시간이 지난 지금까지도
너 같은 손마디를 가진 사람을 본 적 없다.

내가 아무 말 못하고 네 곁에 누워
너의 눈을 보며 눈물만 흘릴 때,
비단 두른 손가락으로 내 눈물 닦아주며 그랬지.

"나는 네가 울 때 어떻게 해야 하는지 몰라."

그렇게 말하고 안아줬어, 나를.

나는 지금까지도
너처럼 예쁜 손마디 가진 사람을 본 적 없다.

여름5. 현중-6

나는 정말 꼼짝도 않고 있었는데
나인채로 그저 있었는데

새파란 나만의 감성을 알아보고
새빨간 나의 상처까지도 전부 괜찮다 하는 사람이
내 옆에 앉아있었다.

여름6. 지훈-77

다음에 만나는 내 사랑은
나에게 조금 더 뜨거운 태양 같았음 해.

속이 유리알 같아서 내가 다른 생각 안 나게
표현을 많이 하는 사람이면 좋겠어.

너처럼 나를 이유 없이 사랑한다 말하고
그 말이 진심인 사람이면 좋겠어.

너처럼 하루 일거수일투족을
나에게 하나하나 조잘거리고
마음이 못 생긴 날에도 숨기지 않고
말하는 사람이면 좋겠어.

내가 좋아하는 거,
내가 싫어하는 거,
하나하나 기억해주고

나와 함께 있으면 어떤 궤도에 있든
다 좋다고 말하는 사람이면 좋겠어.

너처럼 밝고 웃는 모습이 황홀한데
살아온 흔적이 물기 어린 사람이면 좋겠어.

너처럼 날 두고 도망가지 않았으면 좋겠어.
사랑한다 말하고서
사랑해서 헤어진다고 말하지 않았으면 좋겠어.

너처럼 깊숙이 꼬불쳐둘 몹쓸 마음 가지고
내가 가꾼 꽃밭을 망가뜨리지 않았으면 좋겠어.

오래도록 내 옆에서 함께 했으면 좋겠어.
우릴 덮치려는 물결들을 모험이라 여기며
같이 서핑했음 좋겠어.
그랬으면 좋겠어.

여름7. 지훈-22

너 때문에 다시 숨을 쉬고
너 때문에 밥이 넘어가고
너 때문에 나는 다시 꿈을 꾼다.

깊은 밤은 언제나 내게 고독이었는데
너라는 잉크가 나의 빈 일기장에 꾹꾹 눌러 스민 뒤론
늘 함께가 다였다.

여름8. 지훈-16

내 하루의 시작과 끝에 함께 하는 사람이 있다면
이 문장을 보고 생각나는 사람이 있다면
당신은 삶에 진심을 다해야 하는 이에요.

내 하루의 시작과 끝에 함께 하는 사람이 있다는 건
내 삶을 나보다 더 응원하는 사람이
바로 곁에 있다는 뜻이니까.

여름9. 지훈-32

너와 어떻게 시간을 쓰고 싶냐고 묻는다면
글쎄.

값비싼 레스토랑에서 스테이크를 썰고
경치 좋은 곳으로 여행을 가고
유럽으로 떠나는 것도 좋지만

그보다는

오늘 너의 하루는 어땠는지 묻고
똑같은 바디로션 냄새를 풍기며
서로의 살결에 입술을 부비고
조잘대느라 다 불어터진 라면을 호호 불어 먹고

내가 쓴 이야기들을 읽어주고
너는 내게 기대어 흘러나오는 음악을 흥얼거리고

춥지 않은 날,
손잡고 근처 공원을 걷고

최신 영화를 심야로 본 후
팔짱 꼭 끼고 집에 돌아와 내일 아침에
곤히 자고 있을 네게 몰래 입 맞추는 일.

그렇게 너와 나의 하루 24시간을,
7일 꼬박 일주일을,
한 달, 그리고 사계절, 어쩌면 1년이 10년이 되도록
함께.

그렇게 삶을 너와 나누고 싶어.

여름10. 승우-4

춥지도 않은 날이었는데,
괜히 멋 부린다고 옷이 얇았던 나는
네게 옷을 벗어달라고 칭얼거렸지.

별 수 없단 한숨 쉬던 너는
나에게 겉옷을 벗어주었고,
몇 걸음 걷던 나는 구두 핑계를 대며
너의 등에 업혔어.

그날은 집으로 돌아오는 내내
어쩜 그리도 따뜻하던지,

그날은 우리 함께 걷던 거리가
왜 그리도 몰랑하던지,

집으로 가는 그 시간이
어찌나 광속처럼 느껴지던지.

마른 너의 등이 참 넓었다.
꼭 바다처럼, 하늘처럼, 아빠 품처럼.

여름11. 현중-12

하늘이 실수로 너를 떨어트려 우리가 만났다.
나에게만 천사처럼 착한 너를
"내 사람이다" 모두에게 자랑하는 날,
진심 어린 축복이 우리를 감싸 안아주길.
그 안에서 우리, 은근히 내내 행복하길.

여름12. 지훈-75

너의 폭풍 속에 나를 초대해줘서 고마워.
누군가에게도 보이기 싫었던
너의 치부를 내게 보여줘서 감사해.

늘 강한 네가
내게만 무력해질 때
나는 너를 더 사랑하곤 했어.

찰나로 머무는 찬란한 너의 인생에
내가 잠시 살 수 있어서 행복했어.

나는 결국 잊힐 테지만 나는 너를 잊지 않을게.
내가 기억할게.

우리 참 특별했다고.
남들에게 특별하지 않은 일조차도
너와 나라서 빛이 났다고.

여름13. 지훈-53

그냥 곁에 있어주세요.
눈물 어린 내 애원에도
문을 닫은 당신의 마음을 이젠 알아요.

실은 내게 흔들릴까봐 겁먹었다는 걸.

감당 못할 만큼 사랑이 너무 커져서
그 사랑이 당신을 집어 삼킬까봐
그래서 상처 받을까봐 혼자만의 동굴을 찾았다는 걸.

이젠 알아요.
나와의 사랑이 한 번 더 상처라면
당신은 오갈 데가 없었다는 걸.
더는 숨어들 안식처가 없었다는 걸.

여름14. 승우-7

첫사랑은 안 이뤄진다고 하니까.
이제 너를 부르는 이름을 바꿀까봐.

여름15. 현중-3

만나선 안 될 사람을 만났고
사랑해선 안 될 사람을 사랑했다.

하늘은 절대 이 사람은 안 된다고
수어 번 경고했지만
이미 운명이 심장을 후려갈긴 뒤였다.

박살 난 심장은
그 어떤 약도 듣지 않고 미친 듯 뛰었다.

여름16. 지훈-83

내가 놓아버리면 너는 돌아오고
네가 떠난다고 하면 나는 너를 잡고
그렇게 운명의 수레바퀴처럼
돌고 돌아 만나는 우로보로스처럼
우리는 서로의 주위를 헤매는 방랑자가 된다.

그때는 그게 운명이라고 생각했다.
그 밤 너의 이름이 떠오른 것이,
그 밤 내 곁에 아무도 없었던 것이,
그 밤 네 곁에 아무도 없었던 것이,

마침 우리는 서로에게 딱 맞는 계절이었고
마침 비 맞고 서 있는 너를 본 내가 있었고
마침 나는 함께 쓸 우산이 있었고
그래서 네 곁에 갈 수 있었다.

너를 사랑하는 일이 내 숙명처럼 느껴졌다.

반복되는 운명의 굴레는
우리에게 만남과 이별을 강요하고
너와의 추억은 사라지지도 흐려지지도 않은 채로 남아서

또 다른 추억을 생성시키는데
어떻게 너와 완전한 안녕을 할 수 있었을까.

그럼에도
그토록 원했음에도
함께이기를 강렬하게 소망했음에도
우리는 포옹 없이 서로의 손을 놓은 게 여러 번.

그렇다면 우리는 운명도 사랑도 뭣도 아니다.
인연도 악연도 뭣도 아니다.
우린 그저 아무 것도 아닌 거.
그 이상도 이하도 아니다.

정말 사랑했다면 정말 진심이었다면
정말 운명 비슷한 것이었다면
그랬다면 우리가 직접 결말을 바꿨어야 했다.

어려운 문제들을 끈질기게 풀고
서로의 낭떠러지로 달려갔어야 했다.
그 밑엔 '너'라는 바다가 그 밑엔 '나'라는 파도가 있었다.
우린 재지 않고 새벽을 가르며 서로에게 향했어야 했다.

그러나 아무도 그러하지 못해
우리는 이제 아무런 이름도 가슴에 달지 못하고
꺼내보지 못하는 편지가 된다.

나의 방황을 멈춰줄 사람
나의 방랑을 함께할 사람
나의 평화를 지켜줄 사람
나의 불안을 잠식할 사람
나의 상처를 안아줄 사람
나의 긍정을 부정을 생활을 과거를
그 어떤 것이라도 모두 다
내 것이라 말하며 늘 거기 있을 사람.
한때 그건 너였고 너라고 믿었다.

난 너와의 우로보로스를 버리고 떠난다.
우리가 벌인 혼란을 버리고 떠난다.

너 없는 비행은 생각보다 두렵지 않다.
봄바람은 선선하고 내가 떠나온 마을은
멀리서 보면 작품이었고 가까이서 보면 폐허였다.

여름17. 지훈-18

내가 너의 첫이 아니라도 상관없다.
너의 끝에 내가 있다면.

여름18. 현중-5

무언가 잘못됐다 느꼈을 땐,
이미 늦었다고 생각했다.
다시는 돌아갈 수 없다고 생각했다.

그래서 내 삶이 다 무너지는 기분이 드는 데도,
그저 나에게 쏟아지는 폭우에 적응하라고 다그쳤다.

내 꿈이, 내 미래가, 내 심장이
죽은 돼지처럼 둥둥 떠내려가는 걸
보면서도 우산도 못 쓰고, 지붕 위에 걸터앉아서, 멍하니.

그런 날이 매일 반복되고 있을 때,
그를 만났다.

"당신의 삶을 그렇게 써버려도 정말 괜찮아요?"

그 말을 입이 아닌 행동으로 하는 사람.

나는 그 질문에 솔직했다.

"아니요. 하나도 안 괜찮습니다."

그래서 나는 긴긴 우기를 내 손으로 끝내기로 했다.

끝나지 않을 것 같던 우기는 내 결단 앞에 힘이 없었다.
이 미래를 다짐하기까지 너무 오래 시간을 낭비한 탓에
나는 더 이상 나의 젊음을 헛되이 쓸 수가 없었다.

그 사람 손을 잡으니 지긋지긋한 폭우가 그쳤다.
처음으로 같이 맞이했던 햇빛의 감촉이 아직도 생생하다.
이제 어디든 갈 수 있다는 자유, 해방감.
나는 무엇이든 될 수 있다는 희망, 설렘.

이 모든 것의 시작은 나에게 물어봐주는 사람이었다.

"당신의 삶을 그렇게 써버려도 정말 괜찮아요?"

여름19. 석하-4

너는 내가 힘들 때면 항상 내 곁에 있었다.
나도 너처럼 그리하고 싶었다.

네가 가장 슬플 때,
네가 혼자라고 생각 들 때,
곁에 아무도 없어 공허할 때,
혼자 먹는 밥이 서러울 때, 외로울 때,
그때, 나는 꼭 너의 곁에 있고 싶었다.

그래서 우리의 세상은 늘 밤이었던 걸까.
쌍둥이 별자리처럼 내 곁에 있는 너를
더 똑바로 볼 수 있게.

그래서 우리 빼곤 온통 다
그토록 검은 빛이었던 걸까.

여름20. 용주-1

찰박거리는 파도소리와 함께
모든 걸 잊게 만드는 바다 내음.

우리를 둘러싼 사방은 캄캄했으나
나는 너를 알아볼 수 있었고
너도 나를 알아볼 수 있었다.

눈꼬리가 따끔거릴 만큼 우린
서로에게 반짝반짝 빛나고 있었으니.

여름21. 석하-9

아른아른한 맥주향이 우리 사이를 왔다 갔다 하며
정신을 놓게 만들었다.

나는 알았다.
심장이 점점 더 빠르게 뛰고 있음을.
너도 알았다.
호흡이 점점 가빠지고 있음을.

선을 넘을까 말까 고민하며 벌어졌다 닫히기를 반복하던
너의 입술이 나에게서 멀어지는 그 순간,
나는 달아나는 너를 잡아 그 품에 안겼다.

너의 가슴으로 파고들어간 나는
여전히 아팠고 여전히 작았다.

여름22. 현중-17

너를 사랑하고 난 이후로
나는 단 한 번도 나 자체로 나인 적이 없었다.

어느 정도 시간이 흐르자
난 불안해졌다.
이러다가 너를 만나기 전의 나를 모두 잃어버리는 건 아닐까.
그럼 더 이상 내가 아닌 게 아닐까.

내 이름은 소멸하고 너를 사랑하는 나만 존재했다.

그러다 어느 날 너를 잃었다.
문득 깨달았다.

나는 누군가를 사랑할 때,
활짝 피어나는 사람이라는 걸.
누군가를 사랑하고 있지 않을 때
나는 그저 죽어가는 중이라는 걸.

그래서 다시 너를 만나 사랑할 때
나는 환한 헤드라이트에 뛰어드는 불나방처럼
너만 보며 전진했다.

그제야 숨이 쉬어졌다.
내가 살아있음을 맘껏 느꼈다.

나는 인정하기로 했다.
나는 너를 사랑하는 나를 좋아한다고.
너를 사랑하는 내가 제일 좋다고.
그 끝이 나의 백골이더라도.

지금이 좋다고.

여름23. 지훈-86

그냥 좀 사랑해주면 안 돼?
그냥 좀 안아주면 안 돼?
그냥 나한테 오면 안 돼?

네 진심마저 위장하지 마.
어차피 우리 빼고도 이미 머리 아픈 거 많아.

나랑 있을 땐 단순하게 하고 싶은 대로 해.
내일이 어떻든 미래가 어떻든
그건 그때의 성장한 내가 또 감당할 일이야.

아프면 어때. 울게 되면 어때.
너의 삶에 살면서 함께 자라날 내가 있잖아.
만개한 내가 나중에 떨어지면 어때.
너를 만나 너만 아는 꽃을 피울 텐데.

여름24. 승우-5

나는 네가 뚱뚱하든 말랐든
키가 작든 크든 상관없어.

네가 행복했으면 좋겠어.
다 필요 없어,
너를 불행하게 하는 것들과 나는 싸울 거야.
내가 다치고 아파도 상관없어.

너만 웃을 수 있다면
네가 결혼을 한다고 해도
나 거기서 축가라도 부를 수 있어.
춤도 출 수 있어.

그러니까, 별아
나는 네가 행복했음 좋겠어.

여름25. 지훈-59

이렇게 좋은데 이렇게 사랑하는데
이렇게 보고 싶은데 이게 그저 순간의 불장난이라면
앞으로 나는 어떤 마음을 먹고 자라야 할까요.

여름26. 승우-24

고맙다.
아직 살아 있어주어서

고맙다.
나를 여전히 살려두어서

우리 가슴 속에서
여전히 기억 되고 있어서.

고맙다.

여름27. 동진-3

아무 이유 없이 기분이 푹 가라앉을 때,
나를 가만히 내버려두다가
맛있는 거 먹으러 가자며 나를 이끄는 손의
주인이 당신일 때,

누구보다 나의 취향을 잘 알아서
당신 입에서 나오는 메뉴들이
마음에 쏙 들 때,

그럴 때 나는 혼자가 아니라는 게
정말 큰 축복처럼 여겨져.

고마워, 나랑 살아줘서.
때때로 나도 견디기 힘든 나조차도
당신인 것처럼 사랑해줘서.

여름28. 제민-5

창밖을 보며 내리는 비를
바라보는데
노란 우산을 쓰고 걸어가는 네가 보였다.

그 수많은 사람 속에서
내 눈은 너를 콕 찍어 찾아냈다.
그때 내 마음을 알았다.

난 네가 좋구나.

여름29. 지훈-1

스무 번의 계절을 돌고 돌아
결국 우리는 서로에게 재림했다.
그 시간 동안 우리는 사람 때문에 성장했고
사람 때문에 좌절했다.
그 모든 걸 겪고서 우리는 다시 만났다.

추위에 떨고 있는 나를 안아주고
상처 입은 나를 거둬주는 너는
짧은 휴가였고 이 세상엔 없는 날씨였다.

밤낮 없이 뜨거웠고
너의 품에 기대 있으면 소소한 바람이 불어
이마에 맺힌 땀을 춥지 않게 식혀줬다.

우리만의 집은 너무 완벽해서
꿈을 꾸게 했다.
우리의 꿈을 꿈이 아니게 만들었다.

여름30. 지훈-33

내가 배운 사랑은 가슴 아플 때가 더 많은 사랑이라서
너한테도 그 마음이 상처가 될까봐
무서울 때가 많아.

내가 아팠던 만큼 너도 아플까봐

그게 싫어서 나는 노력해.
너에게만은 사랑이 따뜻하고 안전하고 평온하길 바라서.

여름31. 지훈-44

그럴 수도 있지.
실수할 수도 있지.
우린 미완성인 인간들이니까.

감정이 눈보라치고 흘러넘치고
매일 부서지고 깨지면서
내가 얼마나 나약하고 연약한지
매일을 깨달으면서
아파하고 소리쳐 울고불고 할 수 있지.
우린 인간이니까.

그게 뭐 어때서.
다 괜찮다니까.
다 이해한다니까.
그게 뭐 어떻다고.

내가 배운 사랑은 이런 거라서
기다려주고 감싸주고 안아주고
무조건 네 편이 되어주는 거여서.

네가 어떤 모양의 마음을 갖고 있든
어떤 상처를 갖고 있든 있는 그대로
알아봐주고 그저 인정해주는 거라서.

내가 배운 사랑은 이래서.
다 괜찮아. 다 이해해.

여름32. 승우-6

그 사람이 작은 목소리로 기도하던 밤을 기억해.

하나님, 이 사람을 지켜주세요-
하나님이 할 수 없으시다면,
제가 이 사람을 지킬 수 있게 힘을 주세요-

나는 그 사람의 깊고 짙은 눈에서
흐르던 눈물의 온도를 기억해.
뜨겁게 흐르다 차갑게 식었던 그 온도를.

이제 내 곁에 없는 너를 떠올리며 나는 기도해.

하나님, 그 사람이 행복했으면 좋겠어요.
하나님, 이제 나 없는 그 사람의 일상에
웃는 날이 더 많았으면 좋겠어요.

여름33. 현중-13

무언가를 기록하고 남긴다는 건
너무 소중한 순간을 영원히 간직하고 싶어서이기도 하지만
못 다한 말들이 너무 많았던 내 과거가 아쉬워서이기도 하다.

너를 만나기 전 나는
후자에 가까웠지만
지금 너를 사랑하고 있는 나는
영영 전자로 남고 싶다.

여름34. 동진-2

당신과 참 많은 날들을 차에서 보냈다.
내가 새로 택한 직업의 특성상
우리는 차에서 보내는 날들이 많았다.

떨어져 있을 때조차
우리는 목소리로 서로의 하루에 대해
조잘대고는 했다.

그렇게 달린 마일은 얼마나 될까.
내 차에 찍힌 킬로수는 어느새 7만을 넘었다.

당신과 함께 달려온 날들보다
앞으로 함께 달려갈 마일이 많을 테다.

우리 언제나 그랬듯,
볕이 좋고, 바람이 좋고,
습도와 온도가 딱 맞는 좋은 날도 있겠지만

비가 내리고, 눈길에 미끄러지고
때때로 사고가 나는 아픈 날도 있을 테다.

그럴 때에는 잠시 핸들을 멈추고
의자는 뒤로 제끼고 선루프를 열었으면

비가 떨어지는 하늘이든
별이 쏟아지는 하늘이든
우리 함께 바라볼 수 있었으면.

여름35. 지훈-61

너무 많은 말을 하고 싶어질 때면
오히려 입술이 바짝 말랐다.
어차피 하고 싶은 말은 한마디였다.

사랑해, 베비야.

여름36. 지훈-40

숨통이 금방이라도 끊어질 것처럼 네가 날 세게 안을 때
나를 정복하고 싶어 미치겠다는 너의 눈을 볼 때
나의 한낮은 점점 깊은 새벽이 되었다.
나는 어디서도 본 적 없는 그 여름밤의 휘장을 맘에 새겼다.

여름37. 지훈-28

그냥 내 옆에 있어줘.
나를 섬으로 만들지 말아줘.
나를 사랑한다고 말해줘.

예전처럼 우리 아침인지 밤인지도 모른 채
서로의 등을 대고 누워 서로의 꿈속을 누비자.

아무 것도 하지 말자.
오늘 만은.

여름38. 지훈-23

이미 사랑이었다.
나는 언어를 아꼈다.
이 벅찬 감정들을
말로 다 표현하기엔
내가 가진 말이 짧아서.

여름39. 지훈-17

열대야 같은 너에게 달려간다.
뜨거워서 매일 밤 잠 못 들어도 좋아.
내내 이렇게 날 데워줘.

여름40. 세문-3

네가 좋아하는 노래를 듣고,
네가 좋아하는 음식을 먹고,
너와 발걸음 속도를 맞추고,
밤인지 낮인지 분간 못하고,

너의 눈동자만 바라보다가,
나는 그렇게 네게 눈이 멀었다.

그날, 나는 이 글의 제목을
'봉사'라 적었다.

여름41. 지훈-34

가보지 않은 다른 길은 언제나
호기심이 일고 마음을 간지럽힌다.

그럼에도
다음 생에 또 다시 당신을 만나
사랑하겠냐는 물음을 들었을 때,
1초의 망설임도 없이
그러하겠다는
대답이 나오게끔
우리 보란 듯 행복해지자.

가보지 않은 길은 언제나
호기심이 일고 마음을 들뜨게 만든다.
그 길 위에 서 있는 게
바로 우리라면, 더욱 더.

여름42. 지훈-35

돈 많이 벌면 뭐하고 싶어?
내가 사랑하는 사람들과의
행복한 시간을 사고 또 사겠어.

지금은 돈을 벌기 위해
내가 사랑하는 사람들과의
행복한 시간을 포기해야 하니까.

여름43. 지훈-27

누가 먼저랄 것 없이 서로의 품속에 뛰어들었다.
새벽을 깨우는 서리의 물 내음처럼
촉촉하게 서로에게 젖어들었다.

우리는 서로를 눈에 간절히 담았고
그 속엔 은하수가 반짝이고 있었다

별자리는 알 수 없었다.
처음 본 별들의 향연이었으니까.

우린 그 밤을 더듬으며 나란히 누웠다.
그 다음의 기억은 더 이상 없다.
우린 이미 지구를 이탈한 존재들이었으니까.

여름44. 승우-15

나는 너로써 나를 완성한다.

여름45. 현중-14

문득 그런 생각을 한다.
운전을 하고 가다가 갑자기 사고가 나 내가 죽어버리는 상상
혹은 죽어버렸음 좋겠다는 생각.

예전엔 그럴 용기가 없었는데
지금은 진짜 그런 일이 일어나면 어떡하지
마음이 쪼그라들어 납작해진다.

달라진 건
내 곁에 내가 사랑하는 남자와
내가 지켜야하는 예쁜 네가 있을 뿐인데.

여름46. 석하-6

너는 나를 살리고 또 살렸지.
죽어라 내 손목에 대고 그어대는 칼질을 너는 멈추게 했지.
그렇게 악착 같이 나를 살려내는 너는 왜 나를,
왜 나를,
여기 이 생에 남게 만들어?
그렇게 해서라도 나를 살려내는 너는 나에게 무슨 맘인데.

친구의 것이라기엔, 너무 따뜻하고 포근해서
꼭 가슴 속에 있는 방 같았지, 너는.
아니, 내 가슴 속에 지어진 집이었어.
집이 있어도 오갈 데가 없는 나를 숨겨주고 잠재워주는 집.

그게 너라서 더 슬펐어.

여름47. 현중-36

한 번 깨진 사랑에 왜 해피엔딩이 어려운지 아니?
서로를 이해하는 과정 없이
그저 또 싸울까봐
상대방의 눈치만 봐서 그래.

진실한 이해가 없기 때문에
내 행동 변화의 폭은 좁기 마련이고,
그 불길 또한 활활 타오르기 어렵지.

어느새 마음에는 상대에 대한 불만이
차곡차곡 자리를 잡고,
내가 참고 있다고 생각하며 시간의 끝자락만 잡고 있다 보면
이별의 아가리는 입을 쩍 벌리고 때를 기다려.

또 다시 같은 이유로
더 심한 상처를 서로에게 주면서 말이야.

정말 사랑을 지키고 싶니.
정말 그 사람을 놓치기 싫니.

그럼 그 사람이 돼.

그 사람이 되어서 그 사람의 마음을 느껴.
얼마나 가슴 아팠는지, 얼마나 아등바등 했는지
그 마음 때문에 네가 아파보면 그제야 상대가 보일 거야.

너처럼 똑같이 참고 있었던
너를 사랑하고 있는 그 사람이 말이야.

여름48. 지훈-74

오랜만에 다시 만난 네가 나를 보며 환하게 웃는다면
어제 만났던 친구를 다시 만난 것처럼 반긴다면
잘 지냈냐고 묻는 목소리에 물기가 어렸다면

그 모든 게 아니더라도 나는 너를 다시 보는 순간
어차피 울어버리겠지.
날 다 잊은 너를 보면서도 나는 또 너에게 반하겠지.

여름49. 현중-15

내가 행복해야 내 주변도 행복하다는 걸 알아.

여름50. 이름 없음-2

여러 가지 이름들이 떠오른다.

내게 조건 없이 이유 없이 애정을 쏟던 이름.
내게 모든 이유와 조건을 달면서
자신을 사랑하라 말하던 이름.
10년이 지나도록 애틋했던 이름.
나를 미치광이로 만들던 이름.

한 달도 안 되어서 잊었던 이름.
이젠 기억도 가물가물한 이름.
아직도 가슴에 담은 이름.
아직도 기다리는 이름.

내가 울 때 거기 있던 이름.
내가 웃을 때 거기 있던 이름.

약속을 이뤄주던 이름.
약속만 하고 떠난 이름.

처음과 마지막을 장식한 이름.
아직 내게 오지 않아 내가 모르는 이름.

나는 그 이름들을 모두 사랑이라 불렀다.

여름51. 지훈-19

언젠가 나의 아이가 커서
나에게 사랑이 뭐냐고 물으면
"사랑은 너의 아빠" 라고 대답해주려고.
그때 우리를 안아주는 두 팔의 주인이 너였으면 해.

여름52. 승우-33

아주 오랜 시간이 지나고 나서야
네가 나의 첫사랑이었다고 이야기했다.

아주 오랜 시간이 지나고 나서야
내가 너를 아주 오래도 잊지 못하고 마음에 담았다 고백했다.

나는 네가 이미 다 알고 있는 줄 알았는데,
넌 당황해 했지.

그땐 이해할 수 없었는데 지금은 알아.
표현하지 않으면 사랑은 닿지 않는단 거.

여름53. 현중-11

나는 정말 당신 사랑하길 잘한 거 같아.

- 갑자기?

얘기 안 하면 모를까봐.

여름54. 지훈-87

다음 생에 너를 만나 다시 사랑하겠냐고 물으면
나는 단박에 "싫다"고 말하려고 해.

너와 사랑하는 생은 이번뿐야.
다음 기회는 없어.
이 생이 끝나면 우린 영원한 안녕이야.
그러니 우리 다음이 없는 것처럼 오늘 사랑하자.

단 한 톨의 미련도 남지 않게
뜨겁게 이 생을 너와 나로 꽉 채우자.

여름55. 지훈-43

너랑 결혼하고 싶어.
너를 닮은 아이를 낳고 싶어.
네 손 잡고 세계 끝까지 가보고 싶어.
내 마지막 뮤즈는 영원히 너로 남기고 싶어.

그때는 정말 그러고 싶었다.
영원 없는 영원을 꿈꿨다.
허상임을 알면서도 매일 앞뜰에 체리를 심었다.
내가 갈 수 없는 너와의 미래를 앓았다.

여름56. 지훈-31

그래, 진심은 숨겨둔 채로.
우리 맘은 숨겨둔 채로.
우리 사랑은 꽁꽁 아무도 모르게 감춰둔 채로.
그렇게 너를 보내주겠다.

그리고 나중에 아주 나중에
우리가 다시 만나는 날에
살며시 꺼내 너에게 선물하겠다.
여전히 여기 그대로 남아 있었다고.
너에게 다시 선물하겠다.

그 날까지, 안녕.

숨 막히게 간질간질 거렸던 봄은 가고 없었다.
여름이 왔다.
아주 무더운 여름이.
너라는 갈증으로 몸부림치는 그런 여름이.

여름57. 석하-3

내년에 여기 다시 올 때까지, 그때까진 살아 있겠다고 약속해

그래. 평생 못 지키겠다면 그 기한을 우리 달리하자.
하루만 버티고, 그 하루를 버텨서 일주일을 만들고,
일주일 뒤에 한 달,
그 한 달이 열두 번 모여 1년을 만들 때까지.

그렇게 다시 이 대담한 이른 여름이 올 때까지.
그때까지만 곁에 있겠다고.
나랑 약속해. 살아 있어주겠다고.

여름58. 남기-5

거듭 비참한 건 나 할 수가 없다.
누군가의 떠나는 모습을 사랑하는 건 더 이상 할 수가 없다.

가지 말라고 울면서 매달릴 수 없는 나를
그저 좀 안아줬으면.

영원히 혼자일 거란 생각은 안 해.
그런 건 없으니까.

하지만 지금 나 누구라도 필요해.
그 어떤 품이라도 상관없어.

그러니 그저 좀 안아줬으면.
내 누추한 모습까지도 모두 덮어줬으면 해.
너는 언제나 내 편이었잖아.

여름59. 현중-18

누군가를 만나면 헤어져야 한다는 걸 안다.
너무 많이 사랑하면 이별의 무게도 그만큼
무거워진다는 것도.

그래서 누군가를 만나면 마음의 저울을 사용해
조금씩 조금씩 내 진심을 나눠서 때 줘야 한다는 걸 배웠다.

그런데
누구나 다 아는 문제를 틀리는 아이가 있다.
매번 똑같은 문제를 똑같이 틀리는 아이가 있다.

난 그런 아이를 보듬어줄 사람이 하나는 있다고 믿는다.
그리고 그게 다름 아닌 너라 믿었다.

여름60. 승우-40

예전의 나는 어땠냐고
너에게 물었을 때
그때의 나는 세상 모든 불행을 혼자 짊어지고
사는 사람 같았다고 답했다.

그러면서 네가 덧붙였다.
너만 그런 게 아니라
세상 모든 사람이 불행하다고.

나는 네가 말하는 세상 모든 사람이란 괄호 안에
너는 없길 바랐다.

여름61. 지훈-36

사랑이 무어냐고 누가 물으면
그건 너라고 말할 수 있었으면.
너였다. 가 아닌 지금의 너라고 말이야.

여름62. 지훈-25

나는 정말 아무 것도 아닌 작은 복숭아.
널 만나고서 과육은 무르익는다.

네가 내 머리칼을 쓸어 넘길 때,
끌어안고 싶어 죽겠단 얼굴을 하고 내게 다가올 때,
나의 숙면을 진심으로 기도할 때,
나의 미래를, 나의 존재를 아낄 때,
뾰족하게 솟은 내 어깨뼈를 앙-하고 네가 베어 물 때,

나는 진한 보랏빛 여름이 된다.

여름63. 현중-8

네가 사랑하는 사람들에게도
나는 너의 자랑이었으면 해.

여름64. 석하-5

삶이 언제부터 찬란했던가.
지옥 언저리 아니면
지옥 끝 아니던가.

여름65. 동진-15

그래서 지옥이면 뭐 어쩌라고요?
내가 그 사람이랑 불길이든 물길이든 사막이든
다 헤치고 가겠다는데 뭐요?

철없이 용감했던 순간들은
내가 절대 두 번 다시 갈 수 없는
끔찍한 폐건물로 허물어진다.

여름66. 승우-29

너무 많은 문장들 끝엔 결국 너라서
끝내 억지로 마침표를 찍어 너를 가두는 것으로
나는 다시 우리의 어제를 지킨다.

우리,
추억으로 서로에게 살아남자.

그것으로 불사조가 되자.

여름67. 경호-2

과거의 트라우마를 지금의 드라마로 바꿔서
예전의 나를 미래의 내가 이겨내는 거.
결핍 있는 작가가 할 수 있는 최고의 복수.

여름68. 정혁-1

아무도 당신이 미친놈인지 모를 때부터
나는 당신의 능력치를 알아봤다.

사람들이 당신의 가치를 몰라줄 때부터
나는 당신 안에 숨겨진 혁명을 보았다.

그리고 마침내 당신이 당신 안에 숨어 있던 괴물을 꺼내
사람들에게 인정받고 박수 받고
네가 너임을 증명해내는 그 순간
얼마나 짜릿하고 감격스럽던지.

축하해. 함께 스물다섯을 불태웠던 나의 히피.
넌 내게 최고의 음악이었어.

여름69. 지훈-20

봄처럼 내 옆에 앉은 당신을
여름처럼 뜨겁게 사랑했고
쓸쓸한 가을이나
칼바람 부는 겨울에도 우린 함께 했다.

앞으로도 모든 계절에 우리가 우리일 수 있길.

여름70. 지훈-42

나처럼 모든 걸 다 줬는데도
결국 상처 받는 건
자기 자신이던 사람을 만나길 바랐다.

어쩌면 세상에 나 같은 인간은 있지 않을 거라고
있어도 만나는 건 내 생명의 숨이 삭는 순간까지
찾아오지 않을지도 모른다고 생각했다.

그리고 너를 보았다.
첫눈에 비수처럼 네가 꽂혔다.
내 영혼의 빛깔과 비슷한 낯빛으로
밝게 웃는 네게 파란 꽃잎 냄새가 났다.

그 향기는 슬프고 아름다웠다.
그 사실을 깨달았을 땐 이미 이별이었다.

여름71. 동진-16

너를 만나기 위해,
다시 그 모든 일을 겪어야 한다면
나는 정말 기꺼이 그리하겠다 할 수 있을까.

어쩌면 사랑은 이 사람과 얼마나 행복했는지보다
이 사람과 함께 인내한 가시밭길이
얼마나 견딜 만 했는지에 있는지 모른다.

그래서 어떤 이 때문에 아팠던 기억은
아무리 많은 시간이 지나도 변질되지 않은 채
여전히 쓰라리고 다신 기억하고 싶지 않은 반면

어떤 사람 때문에 겪어야 했던 고통은
그럼에도 불구하고
내 삶에서 가장 가치 있었던 물거품으로 흩어진다.

여름72. 지훈-72

너를 이유 없이 사랑해.

너라서.

너니까.

사랑하지 않을 이유가 없어서.

그저 사랑해.

여름 QR 뮤직 드라마

당신의 여름은 어떤 향기를 머금고 부유하나요?

셋. 피 흘리는 가을

가을1. 웅-3

이렇듯 너는 떠난다.

무엇보다 나는 네가 보고 싶겠지.
너에게 가던 그 길목이 그립겠지.
너를 훔쳐보다 시간을 다 써버린 내 하루가 소중했다.

말하지 못해서 미안해.
좋아했어.

가을2. 지훈-52

무언가와 이별한다는 것은 내 일상 곳곳에 도사리고 있는 추억과도 이별해야 한다는 의미임을 이제는 안다.

가을3. 승우-9

우린 너무 닮았다.
너무 닮아서 네가 참 끔찍했던 날들이 있다.

뫼비우스의 띠처럼
나는 다른 사람 품에 있다가도 결국엔 너의 곁에 도달했다.

나의 죄는 너로부터 시작되었다.
그럼에도 우린 헤어질 수 없었다.

시작이 없었으니까,

그래서 나는 끝끝내 사랑한다고 말할 수 없었다.
그 말이 입 밖으로 나온다면 그 다음은 정말 끝일 테니까.

가을4. 현중-19

가장 최악의 선택을 하는 순간은
아이러니하게도
가장 행복한 나날을 보내고 있을 때더라.

들뜬 마음과 부풀어 오른 희망을
다듬지 못하고 마구 분출해버릴 때.

내가 어디로 가야하는지,
내가 어디로 가고 있는지보다
지금 이 순간에 도취되어서
이리 저리 휘청거리며 하하 호호할 때,

불행은 내 발밑 아래 또아리를 틀고 있다가
내 발목을 낚아채더라.
쑥대밭이 되더라.
그래서 나는 이제 네가 무섭다.

가을5. 동진-4

자기야, 어떻게 사랑이 마냥 좋기만 해. 그건 환상이지.

-근데 넌 사랑도 아니잖아?
 이딴 게 네가 말하는 사랑이면 난 이제 안 해.

가을6. 지훈-50

머리로는 알겠는데
마음이 아파서 그래요. 마음이.

가을7. 승우-8

졸업하는 날,
나의 분신들이 살아 숨 쉬는
모교를 거닐며 생각했다.

발걸음 걸음마다, 네가 없는 곳이 없던 그 시절의 나.

그리고 여전히 선명하게 떠오르는
너의 냄새, 표정, 같이 갔던 동네 여기 그리고 저기
곳곳에 스민 우리 20대의 절정.

마음만 먹으면 언제든 올 수 있는 거리에,
내 온 20대는 이렇게 남겨져 있겠지만,
내가 다시 핸들을 잡고 방향을 정할 때까지는
꽤 오랜 시간이 걸릴 것을 알면서 뒤돌아섰다.

가을8. 현중-22

겨울이라기엔 나뭇가지를 뚫고 나오는 새싹이 너무도 푸르다.
봄이라기엔 우리가 걸치고 있는 옷이 너무 두텁다.

꽃을 샘내는 추위처럼 나는 너를 보내야 하는 걸
명백히 알면서도 자꾸 여기 머물러,
너의 옷깃을 잡고 놔줄 수가 없다.

가을9. 현중-30

나를 꼭 닮아 복사해 놓은 것 같은 사람을 보면
원래 떨리고 신기한 게 정상.

처음엔 분명 같은 모양이었는데 똑같은 둘을 붙여놓으니
점점 변해가는 걸 보면
원래 가슴 아프고 외면하고 싶은 게 정상.

그런데도 널 놓을 수가 없는 걸 보면
지금 나는 단단히 비정상. 정상.

가을10. 동진-5

네가 나쁜 사람이면
똑똑한 내가 선택한 네가 기어코 좋은 사람이 아니면
나는 바보가 되어버리니까.

네가 나쁜 놈인 걸 알면서도
너를 놓지 못하는 거야.
너 때문이 아니라 나 때문에.

가을11. 지훈-7

"누군가에게 끌리게 되는 지점이 뭐야?" 라고 물으면
나는 단번에 "그 사람의 아픈 손가락." 이라고 답하겠다.

유독 웃는 얼굴이 밝은 사람,
유독 웃음소리가 큰 사람,
그런 사람은 가슴 속에 빈 방이 있는 거라고 믿는다.

그래서 유독 웃는 얼굴이 예뻤던 사람.
아이처럼 천진난만한데 입꼬리는 슬펐던 사람.

그 사람의 웃음소리가 나는 그렇게도 서글펐다.

가을12. 승우-10

어떤 노래는 듣는 순간 그 시절로 나를 데려가 버리곤 한다.
예기치 않은 곳에서 익숙한 그 멜로디가 흐를 때
온 몸이 굳어버린 채로 나는 다시 스물셋이 된다.

그렇게 타임머신 타고 그 시절 너를 만나고 나면
그날은 열병을 앓고 난 사람처럼
실핏줄이 터진 얼굴을 한 채

사람들을 만나고 밥을 먹고
길을 걷고 집에 와 화장을 지우고
지친 두 다리를 뻗고 눈을 감는다.

몸은 피곤해 죽겠는데
잠은 오지 않고
익숙했던 그 멜로디가
또 다시 귓가에 여전히 맴돌고

그 노래를 기억하는 사람들은 많겠지만
그 노래로 너를 추억하는 사람은 나 하나라는 사실이
짙어질수록 나는 자꾸 어른이 된다.

가을13. 현중-21

그런 생각을 했다.
당신이 나를 버리겠다 마음먹고
난 그 마음 앞에 무릎 꿇던 날

참 비참하게 우리의 인연은 조금 더 그 수명을 더했지만
남달랐던 우리의 사랑은 그 자리에서 죽어버린 거라고.

가을14. 현중-41

나는 정말 아무 조건이 필요 없었다.
나는 원래 그런 사람이었다.
그 사람의 재력, 능력, 집안, 학력 그 뒤에 기타 등등
내겐 그리 중요치 않았다.

그런데 왜 너한테는 자꾸만 기준이 생겨갔는지.
네가 나에게 줄 수 있는 게 무엇인지
왜 자꾸 요구했는지.

널 만나기 전부터 난 원래 그런 사람이었을까.
아니면 그 어떤 노랫말처럼 나도 속물이 되어버린 걸까.

그것도 아니면 조건 없는 내 사랑이
이젠 볼품 없고 불쌍해서
속물이라도 되고 싶었던 걸까.

가을15. 동진-9

한 번 더 믿어주자는 마음이
상처를 하나 더 만들고,

한 발 더 물러서자는 마음이
결국 나를 무너뜨리고 말았어.

가을16. 현중-40

우리 함께 거대한 재난을 이겨내면서
의도치 않게 살을 부대끼는 날들이 많아졌지.

항상 함께 했던 너인데
같은 공간 같은 시간을 걸으면서
내가 알던 너는 사라지고
낯선 너만 가득해서
우린 바늘 같은 예민함으로 서로에게 생채기를 내네.

처음엔 일할 때도
그토록 붙어 있고 싶은 대로
떨어지지 않고 있을 수 있어
행복하다고
까르르 웃곤 했는데
이젠 무거운 적막만이 우리 사이를 가르고
타자기 소리는 숨 막혀.

그 옛날 전쟁은 사랑을 더 깊게 만들었다고 하던데
소리 없는 지금의 전쟁은 사랑마저 잃게 만드네.

가을17. 지훈-46

그래서 나는 이제 어떻게 해야 하는 걸까.
우리는 어떻게 되는 걸까.

초록빛 바다에 띄우는 너의 돛단배에 내가 없다면
그때 나는 어떤 감정의 절벽을 감당해내야 하는 걸까.

가을18. 도준-1

사람을 속일 수는 있겠지만,
숨어 있는 본성을 막을 수는 없어요.

확신이 필요하다면
시간을 들여 찬찬히 그 사람을 아껴줘요.

섣불리 판단하지 말고 천천히.

좋은 쪽이든, 나쁜 쪽이든
당신이 원하는 대로든, 아니든
당신은 진짜 얼굴을 만나게 될 테니까.

가을19. 지훈-49

너에게 괜찮다고 수도 없이
말했던 나이지만
실은 괜찮던 적 없었어.

나의 과거를 들추는
너의 말들은 내게도 상처였고
내게서 떠나가는
너는 여전히 빛이 나는 얼굴이라서.

나는 하나도 괜찮지 않았어.

내가 괜찮다 거짓말 했던 건
혹시라도 네가 다시 돌아올까 봐.

네가 다시 돌아왔을 때
난 널 처음 만났을 때처럼
아름다운 얼굴이고 싶어서.

그래서 나는 오늘도 괜찮다고 말해.
너한테만.

가을20. 현중-23

사랑 앞에서 구질구질해지는 건 딱 스무 살까지만
하자고 다짐했는데,

나는 매번 이별 앞에서
스물의 3월,
스물의 11월,
스물의 어떤 날을 걷는다.

내 몸뚱이 하나 뉘일 집이 있어도,
볼륨 높이고 달릴 차가 있어도,
매달 생활비 걱정 없이
통장 잔고가 늘어가도,

결국 떠나고픈 사람 앞에선
구차해지고 마는 스무 살 그 이상도 이하도 아닌
나를 마주보며 작게 읊조렸다.

"사랑이 구차하다면 그건 더 이상 사랑이 아닐지도 몰라."

그걸 알면서도 사회적 성장과는
반대로 달려가는 내 사랑의 시침과 분침.
내게 생채기를 내고 속절없이 스쳐가는
날카로운 초침들.
나를 다시 소녀로 데려가는
시계바늘을 난 막을 수 없었다.

가을21. 동진-7

당장 괴롭다고 눈을 감았다간,
언젠가
그 비극의 마지막 문장을
내 손으로 적게 될 거야.

차라리 지금 진실을 까뒤집어.
그럼 상처 난 곳에 약 발라줄 수 있어.

흉터는 남아도,
너는 더 강해져 있을 거야.

나는 겁쟁이라
이걸 너무 늦게 알았어.

가을22. 현중-28

그래요. 내가 좀 차가웠죠.
내가 모질고 거칠었죠.
끝이 뾰족해 당신을 찌르고 말았죠.

그런데 당신은 왜 나의 역사에 대해선
궁금해 하지 않은 걸까요?

내가 원래 이런 사람이라 생각하는 건가요.
아니면 이젠 궁금할 가치도 없는 사람이 되어버린 건가요.

아님 벌써 둘 다인 걸까요.

가을23. 지훈-39

괜스레 불안한 마음이 드는 건
역시 너를 너무 많이 내 마음에 담았단 증거일까.

물을 가득 받은 그릇을 들고서 걸으면
한 발자국 떼는 것도 망설여지듯이

너를 온 마음에 꽉 차게 담은 나는
미래로 너를 데려가는 게 두려워져.

가을24. 현중-32

나를 난도질하면서까지
당신을 사랑하는 일은
더 이상 없어야겠습니다.

가을25. 동진-6

같은 곳에서 만났다가 헤어진다는 것은
생각보다 더 큰 아픔을 동반한다.

나에게만 짓던 표정을
다른 이에게 똑같이 보이는 걸 알고 있으면서도
눈을 가려야만 하는 것.

눈을 가린 손가락 사이로라도
그 예쁜 모습을 절절하게 바라보는 것.

매일 붙어 있던 옆자리를
누군가에게 양보해야 하는 것.

일을 핑계로라도 한 발자국 가까이 서서,
그의 어깨를 스쳐지나가는 것.

그럼에도 다시 당신이 내 것일 수 없어,
혼자 남은 사무실에서 컵라면을 먹다,
젓가락을 놓쳐버리는 것.

당장 눈물을 쏟을 것 같다가도,
누군가 볼 새라
후다닥 화장실로 숨어드는 것.

그렇게 숨죽이는 것.

가을26. 현중-44

나만 네 손 놓으면
이 관계는 끝난다는 걸
깨달았을 때

내가 얼마나 호구 같았는지
내 사랑이 얼마나 같잖은 것이었는지
내 헌신과 배려가 얼마나 바보 같았는지

영원을 바라며 빌었던 그 시간들이
전부 쓰레기가 되는 건
얼마나 순식간인지도 함께 알게 되었다.

가을27. 도준-2

가장 최악의 연애는 역시
다른 이를 잊기 위해 누군가를 만나는 것.

아무리 감추려고 해봐도
다른 이를 기억할 때,
가면을 뚫고 나온 얼굴을
나는 알아채고 만다.

알면서도 모른 척하는
그 마음은
잔잔한 바다 아래에서
소용돌이치는 폭풍과도 같다.

그래도 고마워.
네가 내 최악이라.

너 같은 인간은
내 인생에서 네가 마지막일 테니까.

가을28. 남기-6

안녕하세요. 제 이름은 XXX.
제 나이는 몇 살이고요.
직업은 글 쓰는 사람, 뭐 이것저것 하는 사람이고요.
좋아하는 아티스트는 화지.
좋아하는 색깔은 보라, 파스텔 보라, 진보라, 그냥 보라.
잊지 못하는 영화는 너의 이름은.
겨울이 되면 돌려보는 영화는 이터널 선샤인, 렌트, 러브레터.
몇 번이고 돌려본 드라마는 도깨비와 로맨스는 별책부록이에요.
몇 번의 사랑과 몇 번의 이별과
아문 흉터와 아물지 않은 상처를 안고도 지금 살고 있고요.
그런데요.
이런 거 이제 너무 지치네요.
그냥 말없이 나 좀 알아주면 안 돼요?
그거 바라면 내가 이기적인 걸까요?
그럼 그냥 이기적인 거 그거 이제는 내가 하면 안 될까요?

가을29. 세문-5

정말 끝이더라고.
아무렇지도 않게 짧게 인사하고
아무 일 없다는 듯 웃는 걸 보니
정말 우린 끝이 난 사이가 됐더라고.

가을30. 이름 없음-4

나이를 서른 쯤 먹고 보니까
내가 내 멋대로 써버린 20대가 얼마나
예뻤는지 그리워하고 아쉬워하는 것보다

그 시절 내 멋대로 써내려간
나만의 이야기가 얼마나 값진 것인지 알게 된다.

어른으로써의 책임이나 해야 할 일의 강박보다는
그 순간 내가 느끼는 감정에 솔직하고
무서운 게 없었던 그 시절의 내가 있기 때문에

이제 어른으로써 내게 주어진 책임과
해야 할 일을 똑바로 아는 나는
내가 짊어지고 가는 하루하루에 더욱 집중한다.

우린 쓰러져봤기에
까진 무릎이 얼마나 쓰라린지 알고,
다시 넘어지지 않으려
힘들면 때론 쉬어가기도 하며,

시원한 바람을 만끽하며 그늘 아래 잠시 앉았다가도
그대로 누웠다가는 다시 일어나고 싶지 않음을 알기에
고된 몸을 기어이 눕게 두지 않고, 다시 일어나 한 발을 뗀다.

의미 없는 경험은 없다.
고통 없는 배움도 없다.

가을31. 제민　6

너도 나한테 진심을 꺼내 보인 적 없잖아.
내가 다른 사람 좀 만났다고
버림받은 강아지 눈을 할 필요는 없잖아.

라고 썼지만.

알고 있었다.
내가 너한테 상처 줬다는 거.

그리고 그 순간 아이러니하게도
내가 그토록 헷갈렸던 너의 마음이 선명해졌다.

네가 날 좋아하고 있었구나.

난 그 말을 네 입으로 듣고 싶었어.
너의 상처 받은 두 눈이 아니라.

가을32. 한결-2

늦은 밤
"잘 지내?"

그 세 글자 말 안엔
어떤 말로도 담을 수 없는
지난 감정들이 뒤범벅되어 있음을 알기에
나는 네게 '응'이란 그 쉬운 말 하나
남길 수가 없었다.

되돌아오지 않을 걸 알면서도
너는 짧은 편지를 내게 참 꾸준히 썼다.

난 마음으로 길고 긴 답장을
참 오래도 썼다.

언젠간 안부는 한 번 더 물어줘.

달이 뜬 밤이 아닌, 햇볕 쨍쨍한 오후에
나직한 바람도 불고, 여우비는 그쳤으면 해.

그런 날 "잘 지내"냐고
그럼 답해줄게. "너도 잘 지내"라고.

가을33. 웅-4

요즘 잘 지내니?

-그냥 살지

꼭 죽지 못해 산다는 말 같아

-그닥 좋은 하루하루는 아닌 것 같아

그래도 살자, 우리 살아내자

가을34. 지훈-51

그렇게 낯 간지러운 말들을
그 예쁜 목소리로, 그 예쁜 손으로,
그 예쁜 얼굴로 잘도 해놓고

수많은 나의 사람들 앞에서
그렇게 나를 예쁘게 불러놓고,

이제 헤어졌으니까-

그만 잊으라고
그만 놔달라고

어떻게 그럴 수 있겠어.

너는 뭐가 그렇게 쉬운데,
뭐가 그렇게 간단한데
왜 나만 이렇게 어려운데,
뭐가 이렇게 힘들어서

다 떠난 교실에서
나 혼자 나머지 공부하는 건데.

가을35. 승우-11

'그대'로 시작한 문장은 아직
그대로 남아,
마침표 없는 다음 말을 기다려요.

가을36. 지훈-58

나의 애인은 너무 여려서
오히려 강한 척 해요.
나의 애인은 너무 어려서
오히려 어른인 척 해요.

나의 애인은 소리 없이 울어서
오히려 더 마음 아프게 해요.
나의 애인은 내가 없이 날 사랑해서
오히려 더 잊지 못하게 해요.

가을37. 현중-20

너무 슬플 때엔 사람을 믿지 않기로 했다.
사람에 기대지 않기로 했다.

대부분 그때 만난 얼굴들은
나를 있는 그대로 안아주기보단

나의 슬픔을 남몰래 비웃고,
나의 슬픔을 빗대어 본인들의 행복을 증명하고,
끝내는 이용하고 말았으니.

가을38. 현중-27

네가 내 고통에 무심해질 때
나는 사랑에서 한 발자국씩 도망친다.

가을39. 동진-8

뭔가 잘못됐다는 생각이 들었을 땐
이미 돌이킬 수 없는 굴레에 들어선 후였다.

가을40. 남기-8

시간은 언제나 버릇이 없어.
나 따위 기다려주지 않고 혼자 가버리잖아.

나를 에두르는 공기냄새를 느끼며 산책하고 싶은데
여유는 사치라고 말하면서 달리라고 채찍질해.

그래서 옆에 누가 있는지도 모르고
어떤 눈으로 나를 바라보는지도 모르고
그저 써버리기에만 급급해.

그리고는 내게 말간 얼굴을 하고 물어.

내가 나를 줬잖아?
근데 그땐 왜 몰랐어?

가을41. 현중-16

왜 다들 그런 거 있지 않나요?
내 맘을 다 안다고 생각하는 사람일수록
나를 서운하게 했을 때 더 아픈 거.

가을42. 현중-25

나의 사소한 자유마저
억압 받으며 사랑을 이어간다면
그것은 이미 아주 오래 전에
사랑의 이름이 아닌 거겠지.

가을43. 현중-26

너의 가장 큰 문제는
네가 뭘 잘못하고 있는지 알려하지도 않는단 거.

스스로를 돌아보는 것보다
눈앞에 있는 분노가 1순위가 되어
너 스스로를 그리고 우리 관계를 망가뜨린다는 거.

가을44. 동진-12

황량했다.
거대한 보름달빛이 쏟아지던 날이 있고
함께 쌓아올린 추억도 있었는데
내 마음엔 정제되지 않은 자갈과 썩은 모래만 가득했다.

가을45. 현중-29

승자가 없는 이 싸움.
칼에 찔리고 화살에 꽂혀 피만 낭자한 이 싸움.
이 길고 지루한 싸움을 끝낼 방법은
이제 우리의 단호한 결별뿐임을.

가을46. 현중-33

네가 잘못한 게 없어서
다 나만 잘못한 거라
우린 헤어졌다.

너는 죄가 없는 죄로
그 어떤 곳을 가도
내가 생각나서 아마 돌아버릴 거야.

응. 맞아.
이거 저주야.
깔려 죽은 내 사랑에 대한
마지막 유언쯤으로 해둘게.

가을47. 현중-55

뭘 그렇게 열심히 살아내야 했을까.
영원한 건 없는데.

가을48. 현중-56

그래도 너에게 감사한 한 가지는
정말 죽을 것 같이 버겁던 내 삶의 한복판에서
함께 견뎌줬다는 거.

그 순간만은 그저 순수한 소년이었던 너를
기억할 수 있게 해줘서.

나와의 미래를 선택하면서
수없이 망설이던 너의 눈을 다 잊을 만큼
나에게 뜨겁게 달려 와줘서.
고마웠어. 진심으로.

가을49. 승우-34

내가 '안녕'하고 인사하면
그때 우리 정말 안녕할 수 있길.

가을50. 현중-43

겨우 이 따위 결말을 보자고
너와의 그 시간들을 전부 견뎌온 게 아니었는데.

가을51. 지훈-45

우리가 이 별에 태어나고 연을 맺음에는
저마다의 이유가 있다고 믿어요.

이 세상에서 우리가 해줘야 할 일이
하나쯤은 있다고 믿어요.

터무니없는 이야기로 누군가는 치부할지라도
이렇게 아픈 우리가 서로를 알아보고
내 마음을 내가 알아차리기도 전에
사랑에 빠지고
서로에게 전부를 다 내어주고도
더 줄 수 없어 가슴 아파하며
돌아서야만 했던 데에 이유가 있어야 해요.

우리의 만남과 우리의 이별
모두를 사랑할 수 있게 말예요.

가을52. 세문-4

너는 내게 부재'중'인
현재 진행형이라
나는 너를 기다려.

가을53. 현중-51

우리의 가시 돋친 세월과 함께 지워져간 것은
마른 눈물 자국만은 아니겠죠.

그만큼 조각된 나의 영혼과
당신의 다음 사랑에게
분명 유의미한 것이겠죠.

가을 QR 뮤직 드라마

당신의 가을엔 어떤 노랫말이 시를 쓰나요?

넷. 영원히 늙지 않는 겨울

겨울1. 이름 없음-6

왜 이렇게 내 연애만 주검이 돼요.
어떻게 사랑이 이렇게 매번 잔인해요.
신이 있다면 어떻게 나한테 이래요.
왜 나만 매번 사랑이 벌이에요.

상처로 사람을 성장하게 만들어요.
사랑의 소모가 나를 쓰게 만들어요.
어른이 되고 아이가 되고
종이가 되고 펜이 되어요.

나는 나를 저버리고 가는 사랑마저도
다시 사랑하니까
나는 그런 사람이니까
내가 사랑했던 사람은 사랑을 나로부터 배우고
나를 졸업해요.

겨울2. 제민-7

너는 나와 함께 살았던 도시를 떠났다.
소리 소문 없이 떠났다.
그런데도 알 수 있었다.

네가 일했던 곳이
내가 사랑했던 곳이
내가 수많은 이야기를
써내려가고는 했던 그 공간이
내가 모르는 곳으로 변해 있었으니까.

고마워, 라는 인사도 못했다.

겨울3. 지훈-30

이제 더 이상 연락이 오지 않는
휴대폰을 바라보면서 나는 아무 것도 할 수 없었다.
나는 너에게 아무 말도 할 수가 없었다.

좋아하고 있다고도.
무슨 일이 있는 거냐고도.
혹시, 그래서, 우리,
이제 못 보게 되는 거냐고도.

우연히 만났고 우연히 떠났다.

그 해가 지나고 비는 계속 온다.
그 사람 없이 하루 종일 비가 내린다.

겨울4. 승우-14

돌아갈 수 있는 날들이 있다.
시간을 거슬러 그때로 돌아갈 순 없지만
아무리 막아도 계절처럼 돌아오는 하루가 있다.

시간이 부활해 내게 머무는 동안엔
아무 것도 여의치 않고 너를 떠올릴 수 있는 날이 있다.

이렇듯, 오랜 겨울을 버티고 나면
또 다른 계절에서도 너를 만날 수 있겠지.

겨울5. 현중-34

이제는 괜찮아.
더 이상 너를 사랑하지 않거든.

그래서 괜찮아.
네가 나한테 바란 건 '갖고 싶다'
내가 너한테 바란 건 '곁에 있어'

다른 단어로 사랑 비슷한 것을 참 정성스레 말하던
우리는 이제 완벽히 다른 단어로 서로에게 잊힌다.

겨울6. 동진-11

사랑에 빠져 허우적대는 동안
시간은 바짝 말라버렸고,

문득 뒤를 돌아봤을 땐
혼자 새긴 노래가 어떤 음계였는지
알 수 없었다.

온통 너와 함께 불렀던 가삿말인데,
왜 나는 더 외로운 건지
또 미궁이었다.

겨울7. 웅-6

변했다고 욕할 순 없어요.
사람의 마음은 돌덩이가 아니니까.

절대 용서하지 않겠다 했던 마음도 변해
누군가에겐 새 인생을 전하고
이젠 다시 사랑하지 않겠다 다짐했던 맘도 변해
누군가에겐 애기 꽃봉오리를 틔우는 빗물이 되니까.

이해할 수 없던 사람을 사랑할 수 있듯이
사랑했던 사람을 떠나는 마음도
그럴 수 있는 거겠죠.

겨울8. 지훈-76

넌 괜찮다고 얘기하지만
괜찮지 않은 거 다 알아.

다른 사람들은 속을지 모르지만
나는 안 속아.

왜 화나는지도 모르면서 화내고
윽박지르고 소리 지르고 다 때려 부숴도
나는 알아.

너는 그저 상처 받은 사람이라는 걸 말야.
그저 더는 상처 받고 싶지 않은 사람이라는 걸 말야.

너를 그만 파괴해야 한다는 걸
가장 잘 알고 있는 사람이 바로 너라는 걸.

그래서 나는 다 괜찮아.
너를 알고 있어서 괜찮아.
너의 아픈 진심이
나한테만은 보이니까 괜찮아.

나를 보내고 눈물 없이 가장 많이 울 사람은
너니까.
나를 잃고 편지 없이 가장 많이 그리워할 사람은
너니까.

네가 없는 내 미래까지도 모두 축복하고
사랑할 사람은 너니까.

그래서 웃으면서 혼자 갈 수 있어.
네가 쏟아내는 아픈 말들을
모두 끌어안으면서도 진심으로 괜찮다 말할 수 있어.

겨울9. 승우-17

우리가 만나면 늘 함께 가던 카페를
새로운 애인과 함께 갔었다.
우연히 그 카페 창가 밖으로 길을 지나는 너를 보았다.

그 순간 너에게서 눈을 떼지 못하고
너의 모습을 쫓았다.
내 앞에 누가 앉았는지도 잊은 채로.

그때부터 나는 어떤 말도 들리지 않고,
어떤 음악도 들리지 않고,
어떤 맛도 느낄 수가 없었다.

그 자리를 떠나고 나서도
자꾸 너의 모습이 아른거렸다.
그때 알았다.
나에겐 새로운 사랑을 시작할 자격 따위 없다는 거.

겨울10. 지훈-68

너랑 헤어졌는데 네가 사준 디퓨저는 아직 만땅이고
너랑 헤어졌는데 너와 쓴 카드값은 말일에 내야하고
너랑 헤어졌는데 우리 함께 가던 곳들은 전부 그대로.

너랑 헤어졌는데 네가 써준 편지는 아직 못 버리고
너랑 헤어졌는데 네 사진들, 네 메시지는 지우지 못하고
너랑 헤어졌는데 널 향한 마음, 내 감정은 변함이 없고.

겨울11. 승우-18

오래된 방을 정리하다 갑작스레 펼쳐진 일기장에
또박또박 새겨진 네 이름 두 글자.

그날 우리가 무얼 했는지
구구절절 써내려가지 않았어도
또렷이 떠오르는 풍경들.
그리고 내려앉는 내 심장.

잊었다고 생각했는데
여전히 살아있는 너와 마주하고
결국 또 너에게 지고 마는 나.

겨울12. 현중-38

나는 나의 실수를 박제하기로 했다.
다시는 겪고 싶지 않은 아픔이었기에.

겨울13. 승우-26

한 여름에 태어난 너와
한 겨울에 태어난 나라서
우린 같은 계절에 만날 수 없었던 걸까.

겨울14. 지훈-69

온 몸에 칼을 박고 걷는 남자가 있다.
사방이 그를 찌르는 흉기.

그는 소리 지르며 우는 법조차 잊었다.
아픔을 잊기 위해 크게 웃었다.

그 얼굴은 소년이었고
달빛 아래 있는 것처럼 환했다.
그래서 슬펐다.

기댈 데 없이 위태롭게
자신의 길을 혼신의 힘으로 가는 그 남자가
너무 안쓰럽고 안 되서.

이제 신을 믿지 않게 된 나지만
기도했다.

행복해야 해.

네가 슬플 때
맘껏 숨어 울 수 있는 집 같은 사람을 만나.

너의 약점마저 모두 감싸 안고
사랑해줄 수 있는 사람을 만나.

네 온 몸에 박힌 칼을 빼고
편히 누워 평온을 찾아.

반드시 그렇게 될 거야.
내가 이렇게 비니까.

겨울15. 승우-21

낙엽 소리 들으며 길을 걷던 게 어제 같은데
같은 향기 나는 라떼 두 잔 서로의 손에 나눠 쥐고
추운 건 싫다며 장난스레 툴툴대던 게 꼭 어제 같은데

벌써 계절은 셈이 안 되네.

계절은 바뀌는데 매번 같은 얼굴로 돌아오는 너는
참 늙지도 않고 헤어질 때 그대로인 얼굴이네.

겨울16. 현중-39

원래 글은 입으로 뱉어내지 못하고
마음속에 담긴 말들이 그득 들어찰 때,
격한 폭풍우처럼 그저 날 것으로 쏟아져 나온다.

난 그게 참 좋으면서도
아프다.
필시 비싼 값을 치르고 만다.

겨울17. 남기-7

그냥 꺼져. 제발 다가오지 마.
다가오면 진짜 죽여버릴 거야.

이렇게 말하면서도
철벽을 하나하나 정성스레 쌓으면서도

내 속마음은
너라도 나를 좀 안아달라고.
네가 나한테 진짜 진심이면
그냥 나 좀 안아달라고.
그렇게 말하고 있었대.

겨울18. 석하-1

죽습니다.
내가 원했던 일이 아니었음에도
내 잘못이 아니라고 말해주는 이가 없어
나는 죽는다.
내 유서의 첫 문단이었다.

겨울19. 현중-47

또 다시 상처 받기 무서워서
당신에게 비아냥대는 내 입술이 나도 너무 싫은데,
지난 과거가 너무 아파서
나 아직 이럴 수밖에 없으니 참아달라는 말은
당신 말대로 너무 이기적인 바람이었다.

당신은 충분히 내게 좋은 사람,
사랑스런 사람,
감사한 사람,

나를 살리게도 했고
나를 죽고 싶게도 만들었던 사람,
나를 지옥에서 구해주고
나를 구렁텅이로 다시 밀어버린 사람.

어느 순간 깨달았다.
우린 헌신의 비례로
이미 가슴에 갑과 을을 달고 산다는 것을.

더 많이 배려하는 사람이,
더 많이 참는 사람이,
결국엔 칼을 쥐고
이별의 끝에선 한없이 힘이 센 사람이 된다는 것을.

그래서 이제는 사랑을 받는 게
내 일상의 커다란 부분으로
당신이 내 삶을 잠식하는 게
마냥 행복한 일은 아니란 것을.

여자는 떠나는 남자의 뒷모습을 사랑한다지만
난 이미 그 보편성에서 훨씬 멀어져 있었다.

그래서 굳이 선택해야 한다면 지켜보는 쪽이 아닌
떠나는 쪽이어야만 했다.

그래야만 우리가 둘로 갈릴 때
적어도 내 일생이
제멋대로 투신하진 않을 테니까.

겨울20. 승우-27

잘 살아. 그리고 다시 돌아오지 마.

겨울21. 지훈-78

네가 아팠으면 좋겠어.
나를 아프게 만든 딱 그만큼만 아팠으면 좋겠어.

아니 사실 네가 더 아팠으면 좋겠어.
날 아프게 한 대가로 더- 더- 아팠으면 좋겠어.

그래서 그때마다 나를 떠올렸음 좋겠어.
하루가 멀다 하고 너무 아파서 나 좀 떠올렸음 좋겠어.

내 품이 차라리 좋았다고.
나만큼 널 사랑해주고 이해해준 사람이 없다고.
앞으로도 없을 것 같다고.

그래서 네가 다른 누굴 만나도
나한테 줬던 사랑은 두 번 다시 안 줬으면 좋겠어.
그럼 널 보내줘도 될 것 같아.

아, 나 이제 다시 써야할 것 같아.
내 품보다 더 좋은 사람이 네 삶에 깃들기를.
나보다 널 더 사랑해주고 이해해주는 사람이 와주기를.

진심으로 바라.
그땐 정말 널 보낼 수 있으니까.

아아, 또 다시 써야할 것 같아.
아주 오랜 시간을 헤매도 너의 정답이 거기 없다면
너의 답이 결국 나라면 그게 언제라도 상관없으니까
나한테 달려와.

아니, 그러다 넘어질지 모르니 천천히 걸어와.
반대편에 손 흔들고 기다릴 내가 항시 거기 있으니까.

겨울22. 지훈-64

너의 이름을 아예 지우고 사는 일은
불가능해졌다.

겨울23. 승우-22

어떤 겨울이 와도,
우리 안녕하며 이별할 수 없다는 걸
인정하기로 했다.

그래서 나는 네가 없는 계절에
너와 헤어지기로 했다.

겨울24. 현중-42

인생은 타이밍이라는 말을 믿고 싶지 않았는데
정말 있는 것 같더라고.

나는 너를 귀하게 여겼지만
정말 특별하게 생각했지만
돌이켜보면 그 당시에
네가 아닌 그 어떤 누구라도
그곳에 있었더라면
나는 네가 아닌 그 사람에게 마음을 뺏겼을지도 몰라.

하필이면 그때 그곳에 하필이면 네가 있어
나는 너를 사랑하게 됐는지도 몰라.
내가 사랑을 쏟아야할 누군가라도 필요했는지 몰라.
나를 사랑해줄 누군가라도 필요했는지 몰라.

우리가 특별해서가 아니라
그 망할 타이밍에 하필이면
우리가 만났던 거야.

겨울25. 지훈-85

별처럼 쏟아지는 추억들은 여전히 아름다웠다.
너를 나로 그렸던 날들.
나를 너로 채색한 날들.
그 그림들은 내게 한 편의 시가 되어 남았다.

네가 나를 덮치는 밤들은 여전히 추워서
네가 사라진 나의 세계는 공허해서
널 잊고 사는 일 따위 조롱에 불과하단 걸 매일 깨달았다.

유성우가 쏟아진다고 떠들어대는 하루가 있다.
내 소원은 너라 그저 울었다.

겨울26. 승우-12

내가 눈을 감고 누우면 흑백필름 가득,
우는 네가,
웃는 네가,
내 눈꺼풀 위로 깡총깡총 뛰다, 걷다,
가만히 서서 뒤따라 걷는 나를 바라본다.
그렇게 나만 볼 수 있는 유일한 영화가 된다.

겨울27. 지훈-70

네가 한 번쯤 불쑥 우리 집 앞에 찾아왔음 좋겠다고 생각해.
인사불성으로 후회하는 모습이든 뭐든
작은 내 품에 와락 안겨왔음 좋겠다고 생각해.

그럼 우리가 어떻게 마지막 매듭을 맺었든
나는 그딴 거 다 잊고
내 앞에 있는 너를 있는 그대로 알아봐줄 테니까.

아무리 기다려도 넌 오지 않네.
소원을 이뤄준다던 분홍색 딸기 달은 구름 뒤로 숨었네.
-
벌써 좋은 아침이야.

겨울28. 승우-32

내가 다시 사랑을 할 수 없었던 건 아마도
상대가 나빠서- 라기 보단
내가 너를 잊지 못함에 그 이유가 있었다.

너로 인해 얻게 된 상처는 아팠지만,
시간을 돌려 너를 다시 만나게 된다면
난 또 그때, 그 장소에서 똑같은 선택을 할 거야.

해가 벌써 여러 번 바뀌었네.

고마웠고, 미안했고, 사랑했던 사람아.
너는 내게 겨울이었고, 나의 달이었다.

너를 빼고 내가 어떻게 다시 문장을 쓸 수 있을까.
요즘 다시 괴로운 밤들이 지나간다.
거기서 다시 만난 너는 여전히 아름답지만,
이제는 그만 머물렀으면 좋겠어.

보내고 또 보내도 너는 다시 돌아올 테지만,
그래도 나는 너를 다시 보내고 말 거야.
네가 돌아올 수 없을 때까지.

겨울29. 용주-2

겨우 이렇게 헤어질 마음이었다면
언제 헤어져도 이상하지 않았던 사람이겠지.
나는 너에게.

겨울30. 지훈-60

별은 멀리 있을 때 가장 별답다.

별이 내 삶에 투영되는 순간,
그것은 빛을 잃고 지루한 일상을 떠도는
우주 쓰레기 그 이상도 이하도 아니게 되어버린다.

그래서 우리는 반짝이는 것의
부재를 알아채게 될 때
그것이 내게 얼마나 소중한 것이었는지 비로소 깨닫곤 한다.

겨울31. 지훈-56

만나게 될 인연은 어떻게든 다시 만나게 된다고
헤어질 인연은 어떻게든 헤어지고야 만다고

겨울32. 승우-25

어쩌면 내가 안절부절 하며 놓지 못하는 건
지난날의 우리 기억일지도 모른다.

그걸 지우면 가장 찬란해서 가엾던
나의 시절이 사라지는 것 같아서.

내가 부여잡고 있는 건
어쩌면 네가 아닌
우리가 우리여서 빛날 수 있던 그때인지도.

겨울33. 지훈-57

내가 정말 못 견디겠는 건
나만 이렇게 아픈 거 같아서.
넌 다 잊고 잘 살고 있는데
나만 이렇게 죽을 것처럼
하루하루 버티고 있는 거 같아서.

니가 불러주던 내 애칭은 왜 그리도 흔해빠진 것인지
너무너무 화가 나고
그렇다고 너에게 전화할 수도
너의 집 앞에 가서 너를 소리쳐 부를 수도
문자도 카톡도 디엠도 그 어떤 것도 나는 할 수가 없어서.

나는 아직도 왜 우리가 헤어져야 하는지
하나도 이해를 못하겠는데
이렇게 쉽게 헤어질 거라면
이렇게 쉽게 남보다도 못한 사이가 될 거라면

왜 그렇게 날 예뻐하고
왜 그런 눈으로 날 보고
왜 그런 목소리로
그렇게 다정했는지.

왜 내게 그 수많은 날들을 약속하고
그렇게 예쁜 눈으로 나를 바라봤는지
왜 나에게 웃어줬는지
왜 내 하루의 시작과 끝을
모조리 가져갔는지.

왜 내일이 없는 나의 모든 내일이 되어서
떠나버리는지.

겨울34. 지훈-67

나는 겨울이 원래도 싫었는데
이제 12월이 오면 정말 싫을 것 같아.

내 생일, 크리스마스, 너와 처음 입 맞추던 날
너와 처음 밤을 새던 밤, 너와 헤어지던 아침의 온도.

아프고 행복하고 시체 같고 별똥별이 죽던 날들.
모든 날이 하오였고 자정이었다.
그 기억들은 네가 내 상처를 없던 것으로 삼을 수 없듯
나 또한 그저 없던 일로 치부할 수 없어서.

겨울35. 승우-38

숨도 고를 수 없이 차가운 공기가
내 폐를 쑤시는 겨울이 오면
때때로 우리 몸을 말아 누웠던
그 방의 침대를 떠올렸다.

너의 마른 몸에 단발머리를 대고 누우면
지도에는 없는 곳으로 나를 데려가던
너의 심심한 심해를 떠올렸다.

그곳은 번뇌 따위 허락하지 않았다.
너와 함께였으니.

겨울36. 현중-45

우리는 종종 밤하늘에 대해 이야기했다.

내가 하늘을 올려다봤을 땐,
반반한 반달이,
네가 올려다볼 땐
눈 감은 눈썹달이었다.

우린 똑같은 밤하늘을 놓고도 다른 말을 했다.
오랜 시간이 흘렀다.
그리고 깨달았다.

어떤 모양이든 우리가 함께 이야기하던
밤하늘엔 늘 달이 거기 있었다.

그거면 된 거였다.

겨울37. 동진-10

언젠간 그 빌어먹을 사랑이
내 목을 조이고
내 숨통을 기어코 끊을 일이었다.

네 손을 떠난 탄환은 결국
내 뒤통수를 구멍 내고
나는 반죽처럼 흘러내릴 일이었다.

겨울38. 지훈-63

우리 잘못은 아니라고 했지만
나는 네가 미웠다.

너를 이미 사랑하게 만들어놓고
이제 내 손 놓고 가야한다고 말하는
네가 원망스러웠다.

투정은 부릴 수 없었다.
네 눈이 말하고 있었으니까.

'너를 사랑해'
'널 보내기 싫어'

그럼에도 그 잘생긴 입술에선

'질질 끌지 말고 얼른 가'

그 말이

내 얼굴 똑바로 보지도 못하면서.
내 손 제대로 놓지도 못하면서.

그래서 나는 널 미워할 수 없었다.
그래도 나는 널 잡을 수 없었다.

난 원래 네 말이면 뭐든 들어줬으니까.
그게 뭐든. 내가 어떤 마음이든.
난 네가 먼저였으니까.

겨울39. 지훈-54

네가 다시 돌아오지 않을 거란 걸 아는데
네가 남기고 간 흔적을 치우지 못하고
끌어안고 있어.

날카로운 기억의 파편들은
이제 그만하라고 하는데
이것마저 버리면 네가 내게 준 건
아무 것도 없는 거잖아.

네가 나에게 줬던 마음을
내 뜻과는 상관없이
독재자처럼 다시 뺏었으니까,

나는 네가 버리고 간 물건들이라도
내 마음대로 간직할 수밖에.

네가 내 머리칼 말려주던 그 크리스마스를
조그마한 창 속에 그릴 수밖에.

겨울40. 승우-19

낡은 운동화를 버리던 날, 나는 떠올렸다.
이 신을 신고 내가 너에게 달려가던 날들을.
낮과 밤, 새벽1시와 아침6시 사이.

우리집에서 너의 집까지 300미터 남짓.
그 좁은 골목 사이를 이 악물고 얼마나 질주했는지.

이걸 신고 너와 다녔던 후미진 해장국 집,
조그만 영화관, 나만 알던 타로 bar, 동전 노래방까지.

너의 발에 맞춰 걷던 그 시간들이
얼마나 만년설 같은 것이었는지,
나는 떠올렸다.

운동화는 쓰레기통에 버릴 수 있어도
너와의 시간들은 버릴 수도,
주워 담을 수도 없는 것임을.

나는 알고 있음에도 낡은 운동화를 버리며,
너를 기어코 버리고 버리고 또 버렸다.

겨울41. 현중-46

소란하지 않은 하루가 내게 있었던가.
아무 일도 일어나지 않은 하루가 내게 허락되었던가.
물보라들의 아픈 신음이 끝나고 나면
적막한 방 안을 쉼 없는 생각들이 가득 채우는데.
그게 과연 잔잔한 밤이라고 할 수 있을까.

겨울42. 지훈-62

팔베개 안 해주던 당신이었는데.
마지막은 왜 그렇게 다정했는지.

내가 아무리 당신의 팔을 빼고 누워도
왜 다시 도돌이표처럼 돌아와
나를 꼭 끌어안고 누웠는지.

내가 당신을 따뜻하게 기억하길 바랐는지.
아님 내가 당신을 잊지 못하길 바랐는지.

그 어떤 것이든 그 마지막은 너무도 잔인했다는 걸
당신은 알고 계시는지.

겨울43. 승우-16

가끔은 조건 없이 나를 아름답다 말하던
그의 입모양이 떠오르는 새벽이 있다.
사랑한다는 말보다 더 깊은 단어를 찾으며
밤을 세다 날이 새던 그 겨울이
불쑥 찾아오는 새벽이 여기 있다.

오늘처럼 사랑을 그 쉬운 한글 파일로
타닥타닥 쓰고서 마침표를 찍으면,
어김없이 느리게 밀려오는 그의 이름 석 자 때문에,
아침이 와도 잠들 수 없는 그런 날.

겨울44. 지훈-81

언제부터 우리의 사랑이 시작됐냐고 물으면
너를 처음 만나 서로 수줍게 웃었던 그 순간이 선명했다.

왜 우리의 사랑이 시작됐냐고 물으면
글쎄. 운명이었다고. 그 말로밖엔 설명이 되지 않았다.

그럼에도 왜 우리가 헤어졌냐고 물으면
운명은 아니었다고 답할 수밖에 없었다.

처음부터 그런 건 없었다고.
아니, 처음엔 분명히 있었는데
지금은 체취도 자취도 없이 사라져버렸다고.

겨울45. 현중-48

하룻밤 자고 일어난 것뿐인데
이렇게 내 마음이 아무렇지 않아도 괜찮은 걸까.

나는 정말 너를 사랑하긴 했던 걸까.
우리가 했던 건 뭐였을까.

본능 그 이상 그 이하도 아니었을까.
한때의 기분 나쁜 악몽이었을까.

그것도 아니면 상처 받기 싫은 욕심에
너를 추억으로 폐기시킨 내 마음이
종국에는 송장이 된 걸까.

겨울46. 동진-13

그래서 시간을 돌릴 수 있다고 하면
나는 그때 다른 선택을 할 수 있을까.
내가 나라면
같은 시간에 결국 똑같은 선택을 하고 말텐데.

겨울47. 석하-2

넌 그냥 죽어버리면 그만이라고 했지만
사실은 알아.

죽어라 살고 싶다는 거.

그 모순을 내가 알아.
내 팔목을 그어대면서도
내 목에 콘센트 전선을 묶어대면서도

누군가 나를 구해주길 간절히 바랐으니까.

겨울48. 도준-3

정말 오래도록 증오했던 이름이 있었다.

나를 만날 때엔,
그렇게 쓰레기 같이 굴더니
하필 나와 끝내고 만난
그녀에겐 사랑꾼이 되다니.

억울하고 분했다.

매일 매일 빌었던 것 같다.
그 사람이 벌 받게 해달라고,
내가 아팠던 것보다 몇 배, 몇 십 배
더 아프게 해달라고.

그리고 마침내 그 기도가 이루어졌을 땐
등신 같이 내가 울고 있었다.

용서할 수 없을 것 같았는데
용서가 됐다.

그 사람에게 혹독한 형벌이 내려지고 나서야
나는 그 이름을 놓줄 수 있었다.

때때로 생각한다.

만약 그때 그 사람에게 시련이 없었어도
나는 지금 그를 용서했을까?

선뜻 '그렇다'는 대답은
못할 것 같다.

내가 그를 쉽게 용서하기에는
그가 앗아간 나의 시간과 나의 청춘의 대가는
너무 컸기에.

그러니 네 마음이 하는대로 그저 둘 것.
너를 너로 두지 않고, 망가뜨리고 절망하게 만든
그 이름을 아직 미워한다고 자책하지 말 것.

나는 그를 벌 줄 수 없지만,
시간 속에 숨어 있는 신은
기어이 그의 죄를 찾아내서
최고의 타이밍에 목을 비트니까.

그날이 오면 나를 속박하던
쇠사슬이 저절로 끊어져
나를 자유롭게 하니까.
그날은 반드시 오니까.

겨울49. 이름 없음-5

스무 살 땐 내가 10년 뒤면 드라마를 쓰고 있을 거라 생각했다.
스물셋 땐 내가 10년 뒤면 뮤지컬을 쓰고 있을 거라 생각했다.
스물여섯 땐 내가 1년 뒤면
대학원을 다니고 있을 거라 생각했다.
스물여덟 땐 내가 1년 뒤에도 연봉이 1억일 거라 생각했다.

스무 살 땐 내가 엄마가 되는 일은 없을 거라 생각했다.
스물셋 땐 내가 첫사랑을 잊는 일은 없을 거라 생각했다.
스물일곱 땐 곧 죽겠다 싶었다.
이 글을 쓰고 있던 서른 둘 가을엔
영원한 사랑은 이 사람이다 했다.

고작 한 계절 바뀌었을 뿐인데
영원한 것은 그 어떤 것도 없다고 또 바꿔 쓴다.

겨울50. 지훈-29

시한부 사랑은 그래서 더 독하다.
정해진 시간을 1분 1초도 헛되게 쓸 수 없다가도,

하루 24시간, 한 달 30일, 1년 365일이
시간을 다하고 나면 결국엔 아무 의미가 없기 때문이다.

데굴데굴 굴러도 함께였던 그 시간들을 오롯이 홀로
견뎌내야만 하는 각자가 있을 뿐이다.

겨울51. 지훈-41

얼마나 자길 사랑하느냐고 묻는
그 사람의 목소리를 사랑했다.

부드럽고 큰 손으로 내 얼굴을 잡고
갑자기 입을 맞춰오는 무모함을 사랑했다.

모든 세계의 별들이 꼭 쏟아질 것처럼 하늘을 수놓은 그 밤에
내 손을 꼭 잡고 자신의 주머니에 소중하게 넣던
그 사람을 사랑했다.

마음껏 너를 사랑할 수 있게 만들어줘서
너 땜에 마음껏 울 수 있게 그냥 두어줘서

그래서 너를 사랑했다.

겨울52. 승우-13

가장 좋은 건 기억 속에 너를 묻어두는 일이다.
그때의 우리는 돌아오지 않는다.
너 같은 사람은 너밖에 없었으니,
다른 이를 기대하는 것도 바보 같은 일이다.

하지만 가장 좋은 건 너를 묻어두는 일이다.
너를 최대한 꺼내지 않는 일이다.

몇 해가 지났다.
나는 너를 한 번도 가진 적이 없으니,
잃은 적도 없다.

가장 좋은 건 너를 가슴 속 깊이 묻어두는 일이다.

겨울53. 현중-54

네가 나를 떠나줘서 고맙다.
네가 나를 끝끝내 붙잡고 늘어졌더라면
내게 좋은 사람이 오지 못했을 테니까.

나만의 향기와 나만의 몸짓을
비로소 이해하고 나의 전부를 감싸는 손길이
얼마나 좋은 건지 영영 알지 못했을 테니까.

그래서 내 가슴에 정을 박고
내 이름이 부서져라 망치질하던 너를
원망하거나 미워하지 않는다.

이제라도 나를 버려서
이제라도 나를 놔줘서
이제라도 우리 끝이라서
나는 너 하나를 잃고 다시 찾은
나의 모든 것에게 늘 감사한다.

겨울54. 승우-20

답장 없는 카톡을 오늘도 몇 번이나 쳐다봤는지.
오늘은 너의 생일이었는데.

겨울55. 지훈-73

내 모든 날씨를 주어 태어난
너는 나만 아는 겨울.

키가 한 뼘 모자란 여름이 오면
널 담은 채 얼어버린 꽃도
다시 고운 얼굴을 할까.

겨울56. 지훈-71

내 말투를 장난스럽게 따라하면서
애써 웃던 너.

어디선가 나와 비슷한 사람을 만나면
넌 나를 떠올릴까.

그때의 넌 금방이라도 울 것 같은 표정일까.
아니면 은근한 미소가 입가에 번질까.

그 어떤 것이라도 나는 조금 울컥할 것 같은데.

겨울57. 지훈-47

처음 시작은 영원할 것처럼.
서로의 마지막엔 영원히 안 볼 것처럼.

겨울58. 승우-28

너를 한나절 잊은 적 없던 내 마지막 기록.

어쩌면 나는 늙어 죽을 때까지,
너 없인 그 어떤 문장도 늘어놓지 못할 거야.

그럼에도 역시 내가 이렇게 다시 글을 쓸 수 있는 건,
네가 지나간 폭풍이었기 때문일 거야.

오래된 내 일기장 마지막 구절은
여전히 너의 이름 세 글자로 끝나 있지만.

겨울59. 경호-3

장미꽃으로 살던 시절엔
마음을 주지 않는 게
마치 자랑인 것처럼 이야기하기도 했다.
줄 수 있는 마음이 없다는 게
가난인 줄도 모르고.

겨울60. 지훈-84

넌 어떻게 해야 나와 아프지 않게
이별할 수 있을까 고민했지만

난 어떻게 해야 너와 아프더라도
이 사랑을 지킬 수 있을까 생각했어.

겨울61. 한결-1

너를 잃고 가장 힘이 드는 건
아무렇지 않게 24시간이 흘러간다는 것.

네가 없는데도 시간이 흐른다는 것.
나의 하루가 이뤄진다는 것.
그 안은 텅 비었는데도 예전과 다를 바 없이 존재한다는 것.

겨울62. 승우-31

너와 예전처럼 와인을 마시고 싶었어.
먹고 싶음 먹고 마시고 싶음 마시고
아무 생각 고민 걱정 없이
너만 보며 그 기분 자체에 들뜨고 싶었어.

근데 이젠 나는 그럴 수가 없는 사람이 되어 있는 거야.
차를 끌고 왔고 대리를 부르면 얼마더라.
음주운전을 했다간 내 일도 내 가족도 잃기 십상이고
그렇다고 술이 깰 때까지 너와 있을 수도 없는 거야.
결국 모든 건 핑계고,

이젠 너를 사랑하지 않으니까.

겨울63. 지훈-65

그냥 만나는 것도 안 돼?
- 안 돼.

내가 아직 너를 사랑해.
아마 앞으로도.

오랜 시간이 흘러서
너를 사랑하지 않는 사람이 되어
다시 너를 만나면
나는 그게 너무 가슴이 아플 것 같아.
난 어떤 너라도 그저 끊임없이 사랑하고 싶었어.

아직도.
아마 앞으로도.

그래서 안 돼.

겨울64. 현중-35

그런 것이다.

나의 과오를 잊는 순간,
다시 나는 똑같은 실수를 하고 만다.

찰나의 달콤함 속에서
나는 다시 열린 지옥으로 스스로 걸어 들어간다.

똥개 같은 믿음이 나의 지독한 수치인 줄도 모르고.

겨울65. 석하-10

불행은 더 나아질 수 있다는 희망으로 버티지만
행복은 지금 이 순간이 깨질까 두려워하며
마음 졸여야 해서
나는 행복이 좋으면서도 싫다고,
그 사람이 그랬다.

겨울66. 현중-49

가냘픈 영혼들은 밤마다 제 목소리를 숨기고 운다.
밤공기는 스산하고 적막만이 내 허파를 채우는 그런 날,
나는 그 목소리를 단어 삼아 내 문장을 심는다.

해가 내리쬐는 날,
단비가 솔솔 내리는 날,
문장에선 싹이 난다. 꽃이 핀다.
목소리들은 맘껏 웃음소리를 낸다.

겨울67. 이름 없음-7

내가 죽으면
내가 사랑했던 이름들이
나의 이름을 어루만지곤 하겠다.

그때 내 이름은 보라색이었으면 좋겠어.
그때 내 입술은 빨간 빨강이었으면 좋겠어.
그때 내 계절은 파랑이었으면 좋겠어.

그때 네 얼굴은 눈송이 같으면 좋겠어.
뜨거운 내게 녹아 흠뻑 젖었으면 좋겠어.
3일 뒤면 언제 그랬냐는 듯 또 해가 반짝였으면 좋겠어.

겨울68. 지훈-38

그런 슬픈 눈은 하지 말아요.
안아주고 싶게 만들지 말아요.
사랑하게 될 지도 모르잖아요.
당신과 닮은 눈을 하고
당신을 보내야 할지도 모르잖아요.

겨울69. 현중-31

때로 사람들은 자기 자존심을 지키는데
모든 에너지를 쏟느라
정작 가장 소중한 사람을 잃곤 한다.

겨울70. 승우-23

내가 가질 수 없는 너는
내게 문장이 되고,
흐르는 이야기가 되어,
시간 속에 영원히 새겨진다.

세월이 흘러도
늙지도 않고,
아프지도 않고,
변하지 않는 너는,
불멸의 문장으로
내 것이 되고 영원이 된다.

겨울71. 지훈-48

너의 품에 안겨 엉엉 울던 겨울밤이 있다.
그 날은 한 해의 마지막 날이었고
우리의 마지막 밤이었다.

사랑한다고 쉴 새 없이 말하면서도
계속해서 입을 맞추고
서로의 새벽을 다 주고도
우리는 헤어졌다.

나는 우리의 이별이 믿겨지지 않으면서도
믿을 수밖에 없어서
너의 품에 안겨 엉엉 울었다.

밖은 귓불이 땅땅 얼어 아플 정도로 추웠는데
너의 품속은 새파란 잎이 없는 봄이었다.

겨울72. 지훈-88

너를 이유 없이 사랑해.

너라서.

너니까.

사랑하지 않을 이유가 없어서.

아직 사랑해.

우리 함께 걸었던 눈길은 폭신폭신 했지요.
당신도 기억하실까요, 쪼르르 당신만 담던 내 두 눈을.

겨울 QR 뮤직 드라마

당신의 겨울 속 눈사람은 어떤 표정을 짓나요?

초록의 막장

내가 바랐던 건 봄날의 개나리도 아니었고
바다의 청량한 파도 소리도 아니었다.
형형색색으로 자신을 덧칠하다 저물어간 나뭇잎도 아니고
자신의 모습을 하얀 눈으로 가리고 짓밟히는 겨울도 아니었다.

내가 바란 건 그저 초록.
사계절 내내 묵묵하게 자신의 빛깔을 지켜내는 초록.
그게 다였다.

화려하거나 강렬하게 스쳐지나가는 존재들을 떠나보내며
나를 가지각색으로 사랑한다고 자신들을 보여주고도
자신의 색은 원래 이런 게 아니라며 떠나는 존재들을 지켜보며
나는 다시 어디 있는지 알 수 없는 영원의 초록을 기다린다.

내게 당신의 이름은 처음부터 초록이었다.
그 이름은 이제껏 단 한 번도 바뀐 적이 없었다.

나의 초록은 문을 열고

나비와 벌떼를.

돌고래와 스마일 스티커를.

체리와 빨간 루비를.

파랑으로 위장한 검은 바다를.

하얀 곰돌이 인형 뒤로 감춘 똥개를.

사라지지 않는 노란 멍을.

계절처럼 기다립니다.

닫는 말

나의 사랑은 끝이 없어서
그 빛깔이 초록입니다.

나의 사랑은 시시때때로
이름을 달리 하고
매번 다른 얼굴로
나를 사랑한다 말합니다.

나는 그 얼굴들을 모두 기억합니다.
나는 그 이름들을 모두 사랑합니다.

나는 여기 그 얼굴들을 그 이름들을
문장으로 정성스레 빚어
내 삶의 그릇에 담습니다.

내가 어디에서 태어났는지 잊지 않겠습니다.
네. 저는 이제야 비로소 그대들과 완전한 안녕을 합니다.

에필로그 QR 뮤직 드라마

[함께 하신 분들]

총괄 프로듀싱/마케팅 _	조하연 [썸머팩토리]	@summer._.factory
작/루비 역 _	Ruby	@ruby._.summer
연출/촬영/편집1 _	김동현	@hook_ss
조연출 _	조채현	chatall777@gmail.com
애니메이션 효과 편집 _	이현양	hyeonyang02@naver.com
봄/제민 역 _	배우 이민성	ms9040.wixsite.com
여름/지훈 역 _	배우 최근호	@gno_roro
가을/현중 역 _	배우 이승현	@dawn_duske
겨울/승우 역 _	배우 고병진	@k.jin1850
일러스트/표지디자인 _	jasonchois	@jasonchois
인쇄/편집 _	김동준 [학사넷]	dongjun11@empas.com
표지디자인 서브/마케팅 디자인 _	정혜령	
포토그래퍼 _	전인수	@melancholia_zine
오브제 그림 (작가 개인 소장) _	카모플라쥬30[2021 김도훈 작]	@kimdohoon7_artwork